社区
归属的结构
（第二版）

Second Edition,
Revised and Updated

Peter Block
[美]彼得·布洛克 著　秦传安 译

中国出版集团　东方出版中心

图书在版编目（CIP）数据

社区：归属的结构：第二版 /（美）彼得·布洛克著；秦传安译. —上海：东方出版中心，2023.3
 ISBN 978-7-5473-2236-9

Ⅰ.①社… Ⅱ.①彼… ②秦… Ⅲ.①社区建设-研究 Ⅳ.①C916.2

中国国家版本馆 CIP 数据核字(2023)第 151633 号

上海市版权局著作权合同登记：图字 09-2019-1017 号

Copyright © 2018 by Peter Block
Copyright licensed by Berrett-Koehler Publishers
arranged with Andrew Nurnberg Associates International Limited
Chinese Simplified translation copyright © 2023 by Orient Publishing Center
ALL RIGHTS RESERVED

社区　归属的结构(第二版)

著　　者　［美］彼得·布洛克
译　　者　秦传安
策　　划　刘　鑫
责任编辑　荣玉洁　刘　军
装帧设计　Lika

出 版 人　陈义望
出版发行　东方出版中心
地　　址　上海市仙霞路 345 号
邮政编码　200336
电　　话　021-62417400
印 刷 者　上海中华印刷有限公司

开　　本　890mm×1240mm　1/32
印　　张　8.25
字　　数　168 千字
版　　次　2023 年 3 月第 1 版
印　　次　2023 年 3 月第 1 次印刷
定　　价　68.00 元

版权所有　　侵权必究
如图书有印装质量问题，请寄回本社出版部调换或拨打021-62597596联系。

献给　玛吉

感谢你的奉献、智慧、爱和诚实，
让我所做之事成为可能。
你是所有为他人奉献出才干和友爱
之人的一位典范。
你的追问"谁将在什么时候做什么事情？"
改变了世界。

目 录

第二版序言　/　001

导　言　碎片化的社区及其转型　/　012

第一部分　社区的结构　/　023

　　第 1 章　有关转型的洞见　/　025

　　第 2 章　为社区转变语境　/　048

　　第 3 章　受困型社区　/　057

　　第 4 章　修复型社区　/　070

　　第 5 章　收回我们的投射　/　081

　　第 6 章　倒转为居民　/　090

　　第 7 章　让社区转型　/　102

第二部分　归属的魔力　/　113

　　第 8 章　领导工作就是召集　/　115

　　第 9 章　小组是转变的单位　/　125

　　第 10 章　疑问比答案更有转变的力量　/　133

　　小　结　六种交谈　/　144

　　第 11 章　邀请　/　147

第 12 章　可能性、所有者身份、异议、承诺和天赋的

　　　　　交谈　/　160

第 13 章　把好客带给世界　/　188

第 14 章　设计支持社区的物理空间　/　193

第 15 章　非必要痛苦的终结　/　210

结　　语　建设社区的社会建筑学　/　228

典范和资源　/　240

延伸阅读和参考文献　/　242

致　谢　/　250

关于作者　/　254

第一个以侮辱
取代投石的人，
是文明的奠基者。

西格蒙德·弗洛伊德

第二版序言

撰写本书是为了支持那些关心自己社区福祉的人。它写给所有想要参与创建一个服务所有人的组织、街区、城市或国家的人，以及有信念和活力创建这样一个地方的人。

我就是这些人当中的一员。每当我在一个街区或小镇里看到空置的店面，注视着人们在上学时间或工作时间漫无目的地游荡在人行道上，探访某个看上去难以抚幼赡老的艰难之地，我总是悲伤而痛苦。对我来说，无视下面这个事实是不可能的：我们正在创造的这个世界并非对于所有人而言都运转良好，而且对大多数人越来越不管用。

伴随这种悲伤的是这样一个认识：我们每个人，包括我自己，都在参与创造这个世界。如果我们正在创造世界这一点是真切的，那么我们每个人都有力量治愈它的创伤。这并不关乎罪疚，而关乎责任。有能力走到一起、选择担负起责任的居民（citizen）[①]，是我们做出改变的最佳人选。这是真切的，不管你想要改善一个组织内部的条件，还是推进一

[①] Citizen 亦有"公民"之意。因本书主要探讨社区，故一般译为"居民"，实际上书中有时两者兼指。——编辑注

项你所相信的事业或行业，抑或致力于让你的街区或城市成为所有居民的更宜居之地。

按照我们让世界变得更好的任何意图而采取行动，需要的不只是个人的行动。在几乎每一个实例中，它都需要彼此之间连接颇少甚或在某个问题上针锋相对的人们，决定为了某项共同利益而走到一起。让此事简单而快速地发生的需求和方法，正是本书所涉及的内容。

2006年本书初版以来，我受到出人意料的范围广泛的邀请，这一真理也由此变得一清二楚。我曾被邀请参加加拿大卡尔加里市的一次水荒会议。我对水资源保护一无所知；事实上，我是那些在刷牙时任水一直流淌的人之一。一些公司请求我帮助打造一个团体，这个团体由给孩子购买尿布的妈妈所组成。肯·加雷（Ken Jaray）当时正在竞选马尼图斯普林斯市的市长，想要跟我谈论社区理念的运用，既是为了竞选，也是为了当选后的治理。信仰团体反复邀请我参与讨论，以何种方式让人们聚合起来。一所关注学生安全的大学，运用社区建设理念让社区居民参与集体行动，使街区更安全。有些城市，比如科罗拉多州的科罗拉多斯普林斯，甚至有几百个群体在全市性的图书俱乐部使用本书，目的是建设一个连接更紧密的社区。

这告诉我们，对社区体验的需要——它是居民做出改变的集体能力——增强了。尽管现在有如此多的手段把彼此连接在一起，我们依然是以让我们继续孤立的方式来生活和运转的。如果不以新的方式走到一起，这种孤立就会一直存在下去。

不管你关心的是什么，实现你所寻求的改变都需要一群人学会彼此信任，并选择为了一个更宏大的目的而合作。

修订缘起

我的朋友和出版商史蒂夫·皮尔桑蒂（Steve Piersanti）打电话建议我们出版本书的新版本。这样的邀请一直让我紧张。我之所以紧张，是因为我很想知道我是否有什么重要东西要补充。再次通读全书之后，我选择创作另一个版本，理由有三。首先，我有了9年在家乡辛辛那提市把本书中的观念付诸实践的经验，因此能更清晰地表达它们。我更加强调了那些真正发挥作用的思想，而扬弃了那些看上去很美，却难以持久的思想。这个版本中的新焦点包括更新了之前的实例，并增加了少数新的实例。

其次，对于建设社区的兴趣日益增长。无论称之为组织的文化变革、政府的居民参与、社会部门的邻里关系建设、宗教的延伸还是大社会中的民主，似乎有越来越多的人认识到自己对创造归属之地的需要。

撰写新版本的第三个理由，正是我看到这个世界上正在发生的事情时所感受到的沮丧和痛苦。社区建设如今似乎是一个已经水到渠成的观念。然而，它的承诺并没有得到很好的兑现。在让人们走到一起做这项工作方面，我们依然做得很糟。充其量就是，我们召集一次社交活动、一场街区派对或一次招待会，有食物和音乐。全都是应该做的好事，但人们经常只和志趣相投的人聚在一起，而陌生人依然是陌生人。

关于建设社区之需要的意识和思维创新在日益增长，但如何吸引人们参与——在市政上和组织上——的主导性实践本质上依然没什么改变。我们依然举行这样的城市集会：一个人侃侃而谈，其余的人则询问一些经过审查的问题。市政委员会依然坐在有麦克风的讲台旁，给市民两分钟各自陈述他们的观点。太多的会议依然使用PPT，为的是清晰和效率。专业会议继续围绕鼓舞人心的主旨发言和填充内容的专题讨论会而设计，好吸引听众。以这样的方式呈现数据，还谈什么学习和教育？

这儿有一个意图与对参与过程的设计错配的实例：面对日益增长的贫困，一个大城市把来自商界、市政府、社会服务机构和街区的领导者召集到一起，为的是组建一个减少贫困的特别行动小组。议题也可能是别处人们的关切：教育，健康，安全，经济增长。在本例中，它是贫困。的确是伟大的意图。

然而，其策略遵循的是可以预料的、始终不起作用的相同过程：首先，组建一个高层次的指导委员会。其次，投入数量可观的金钱。再次，掏钱聘请一个外部专家研究小组来分析问题。专家小组的发现不难预料：贫困确实是一个难题。这个结论随后导致人们设定一些大胆的目标，并创制行动的蓝图，有时间表、关键节点和措施。这个经典的问题解决方法，无非是在要求更努力地去做已反复做过多年的所有事情。对年轻人的更多指导，更好的学校表现，更多的职业培训，对大公司的更大投入以雇佣更多来自贫困街区的人——这些全都是有用的，但这个过程中没有任何东西能提升这样一个意识：贫困基本上是一个"经济孤立"的问题。贫困不只是关乎金钱；它还关乎孤立所导致的可能性的阙如，包括不同经济阶层之间、精英街区与边缘化街区之间、学校与其所在街区之间、老年人与年轻人之间的相互孤立。如果这种孤立——即社区的碎裂——不成为中心议题，就不会有任何重大转变。意图良好的领导者和居民，如若没有创造"真正的社区"（authentic community）的意识和工具，只会遗留下更多的计划、更多的经费，最终还得由另一项研究来分析进展。

关于贫困，更好的方案是要认识到，生活在经济孤立中的人们拥有技能、智慧、能力和富有生产力的企业家活力。他们拥有当我们把他们看作需要分析、度量和改善的问题时，所看不到的资产。他们需要接触更广泛的社区并与之建立关联（relatedness）。他们需要被看作值得投资和借贷的居民。他们需要跟跨越阶层和地理边界的人及机构建立伙伴关系。他们需要真正的伙伴关系，而不是导师。在双方都给予和接受的地方，必定有关联和信任。建设这种社区，对于创造令真正转变赖以发生的条件的战略至关重要。这就是少数特别的地方正在起作用的方案。这就是本书所提出的要点。

转变这个意识，阐明这些工具，正是这部修订版所涉及的内容。总结一下，下列几点是我在这个版本中试图强调的：

孤立正在上行。 本书关乎社区体验的调和或恢复。它提供了回归一种归属的思考和实践的方式，而这种归属，正是流动的、现代主义的、猎奇求新的当前文化所缺乏的。显而易见，我们的机构、城市和更大世界中的孤立似乎正在增加，而非减少。淹没一切形式的公共交谈的极端主义和死板的意识形态令人痛心，而且，在我看来，也是环绕我们的暴力的部分决定因素。尽管社交媒体允诺把我们连接在一起，但我们依然只是一边紧盯着屏幕，一边坐在星巴克里，走在大街上，或是一起用餐。要恢复我们的连接性（connectedness），我们需要清楚地看到这种孤立，而不是沉溺于共同进步的神话。

重建社区的兴趣和实践正在增加。 这一趋势是在居民参与、社区建设、组织拓展、社区关联、民主计划、合作运动的名义下进行的——全都关注整体的福祉。关于参与的兴趣，一个小小的例证便是：一些社区和组织选择在本地的图书俱乐部中分享共读《社区》。

需要社区的机构性意识正在增长。一个并不那么显而易见的洞见是：重建社区越来越被看作一个致力于解决商业和居民关切的富有生产力的战略。重要的新现象是：我们的传统机构，比如教会，正在把它们的注意力和精力转移到机构大楼之外，进入它们所在的街区。集会地点如今是在酒馆、公房（common houses）和店面。

拉比和牧师们正以不同的形式领导社区建设运动，比如以西雅图为基地的"教区集体"和辛辛那提的"蜂房与爱"。

加拿大艾伯塔省埃德蒙顿的市政府正在资助一项"富足社区首创行动"计划，支持邻居们融为一体，通过一些旨在催生更多安全和复兴的计划，把本街区居民的天赋聚集到一起。

罗彻斯特健康基金有一项减少重大疾病的八年战略，通过把脆弱街区的居民组织起来，让他们那儿变得更好，虽然其中的关切看上去似乎和重大疾病没有什么关系。他们投资一些诸如环境美化、社区花园的计划，修缮济贫院，清除毒品交易。让居民们关心他们的六个街区，跟战胜癌症、糖尿病和心脏病有什么关系呢？有证据表明，疾病的某些重要决定因素是社会性的、关联性的和公共性的。

当传统机构、政府和基金会方面的社区参与有了真正的结构创新时，有些重要的变化正在发生。

修订本书的另一个动机，就是要应对这样一个现实：即使当社会先驱们做了令人惊叹的工作，设法让人们走到一起，让一个地方变得更好，他们的工作也依然是一个无人讲述的故事。它很难争取到所有被危机所吸引的关注。建设信任、关系和社会资本，将其作为改善健康、福利和安全并养育富有生产力的孩子的一项战略，对任何人来说都挣不了多少钱，也不能给渴求戏剧性和娱乐性的媒体——包括社交媒体——提供什么素材。相较于世间的失败要素，世间的成功要素依然被当作一个"人性化的故事"（human interest story）来对待。

所以更有理由不断地阐明，建设社区和归属为什么是我们用来终结困扰这个世界如此多层面的流离和孤立的最有力战略。建设社区也是创造有弹性的组织、更健康的地球和更安全的街道的一个有力战略。本书的目的，就是把做这件事情的能力交到市民的手里，并最终作为后援，用常规的解决方案支持他们：设计计划，制订蓝图，筹集经费，并尝试各机构所做的一切事情。

这项事业中的挑战是：建设社区似乎太简单了。如果你转向一个可能性的语境，而不是继续纠结于一个缺陷的语境，并且遵循本书第二部分所概述的问题和规程，你就会发现，要终结人的孤立有多简单。当你减少了人们的孤立，他们就会得知：他们并不疯狂，他们没有什么毛病。为了这个目的，这里有关于如何修订这个版本的一份预览：

* 收入了更多的例证，来说明向建设社区转变，如何有可能比传统的问题求解和计划更有力。我们如何应对我这里描述的持续存在的贫困局面，就是一个例证。散布于正文各

处的是更多的实例，在这些实例中，社会资本——建设社区的产物——在创造经济改革上是决定性的，而经济改革也最需要社会资本。

* 除了强化对社区和归属的需要之外，还将显示：一旦我们确定建设社区是必不可少的，这么做可能真的很简单。克服孤立和创造归属并不要花很长的时间。像瑜伽一样，它涉及专注和实践，以及那一刻在你身下的垫子。它不涉及特定的人以及他们的敏捷度或身体形态，也不必耗费经年的努力。归属的结构仅仅涉及获得正确的空间，组成小的群体，提出正确的问题，并最终解决我们对援救、改善和培训的渴望。

* 改变了本书最后一部分的目的，以便让它成为一个更加有用的工具，让读者可以更新关于关键概念的知识，反思这些观念在我们的生活中为什么如此难以捉摸，思考如果应用于日常情境的话它们意味着什么。我还拿出了一份很长的清单，列出本书中的典范和资源，并把它们放在 abundantcommunity.com 的网页上。

归属的重要性

通过做出所有这些改变，我突出了本书的主要观点：个人主义以及关于科学和技术将解决气候、团体生产力、学校表现、消费者满意度与永生不朽等难题的信念，这两者强有力的文化强制只会增加我们每天所面对的暴力、贫困和不必要的痛苦。社区及其归属结构可以对此有所贡献。

归属这个词有两个意义：首要的是，归属即与某个事物有关联并成为它的一部分。它是成员身份，是"在家"（在这个词最宽泛的意义上）的体验。当我们与其他人联手打造让一个地方变得更好的事物时，归属便最好地被创造出来了。它是我必须自己做这事这种认识的反面。后者意味着不管我在哪儿，我都得单打独斗，我要是去某个别处或许会过得更好。归属的对立面是感觉到被孤立，并始终（在所有方面）都处于边缘，是个局外人。我依然永远在漫游，寻找那个我所属之地。归属则是知晓，即便长夜未央，我仍在朋友们中间。

我们探索社区建设的概念和方法，目的是增加这个世界上存在的归属或关联。我们这样做，部分是出于对善的渴望，但主要是因为：如果我们想要让那些空置的店面营业，抚育我们的孩子，聘用那些白天在人行道上游荡的人；那么，社区建设就是这些改变赖以发生的前提。体验那种构成社区的友谊、好客和愉悦，在我们如今生活的这个世界上既不容易又不自然，这就是为什么店面依然空置，孩子们依然有发育障碍，苦难依然围绕在我们周围。

归属这个词的第二个意义，与成为一个所有者有关：某个东西属于我。归属一个社区，就是要充当这个社区的一个创造者和共同所有者。我认为属于我的东西，我就会建设和养育。接下来的工作就是要在我们的社区中，寻求一种更宽泛、更深刻的情感所有权意识和共同所有权意识——既通过它们的关联，又通过它们实际控制的对象。

归属也可以被当成一种对存在的渴望。存在是我们在我们所做的一切事情中寻找更深切目的的能力。它是在场的能力，以及发现我们的真实性和整个自我的能力。这常常被认为是一种个人能力，但它也是一种社区能力。社区是一个容器，我们对存在的渴望在其中得到满足。如果没有与一个社区的连接性，我们就依然不会有对存在的渴望。我总是被受钟爱的社区（beloved community）这个术语所打动。这经常被表达在一种精神的语境中，但它在我们日常生活的世俗层面也可能成立。

我在本书中的意图，是要对构建（structuring）归属体验的方式给出定义，这就是为什么本书副标题的第二个名词是结构（structure）。归属不必指望好运气，也不必依赖于其他人的友好天性。

我关于结构的思考，由一段引文所形塑，它来自一份叫作《结构主义者》（*The Structurist*）的专注于艺术和建筑的精彩期刊：

> 结构这个词意味着建造、构筑、构成，也意味着这些过程中所涉及的组织或形态学。它可以被视为创造的化身……是一次探寻，不仅仅探寻形式，而且探寻目的、方向和连续性。

这段引文本来指的是艺术，我们可以把同样的思想应用于社区。本书后文的承诺，就是要提供创造归属体验的构建方式，不仅仅在人们只为了社交而走到一起的地方，而尤其在我们最少预期它的地方。它们包括人们为了做成某件事情——我们的集会、对话、回忆、计划过程——而走到一起的所有地方，包括我们为了思考并确定我们憧憬何种未来而齐聚的所有集会。

我特别喜欢结构这个词，因为它和我们对风格的关切形成鲜明对照。赋予结构以创造社区的愿景,让领导者摆脱了这样的老生常谈:领导能力是一组与生俱来的个人品质,我们就像试穿一套新装是否合身一样来发展和调整它。本书中的结构——包含思考和实践——可以在无视个人风格的情况下(或者哪怕没有个人风格)加以选择和执行。我们可以创造归属的结构,即使我们性格内向,不喜欢眼神交流。

再谈谈本书的结构。我在每章的开头列出了本章的摘要。这个主意来自克里斯托弗·亚历山大(Christopher Alexander)的《建筑的永恒之道》(*Timeless Way of Building*)。他在那本书中说,如果你不想通读整本书或整个章节,那么只要读读摘要,你就会领略要点。此外,本书的末尾还总结了整本书的要点,所以,如果你不想阅读各章摘要或正文,你可以径直跳到本书的结尾部分,这的确可以节省些时间。

导 言
碎片化的社区及其转型

根本性的挑战是要把我们社区内部的孤立和自利，转变成连接性和对整体的关心。关键在于识别这种转变如何发生。我们首先要把注意力从社区的问题转到社区的可能性上来。我们还要认识到，我们关于个体转型的智慧在面对社区转型时是不够的。这里的目的，是把我们关于集体转型的性质的知识整合在一起。这一追求中的一个关键洞见是：要承认社会资本对社区生活的重要性。我们由此开始努力创造一个迥异于过去的未来。

* * *

创造一个归属结构的需要，来自我们的生活、我们的制度和我们的社区的孤立本性。缺乏归属是如此普遍，以至于我们可以说，我们生活在一个孤立的时代。这是在模仿来自 20 世纪初的哀叹，那时被称作焦虑的时代。具有讽刺意味的是，我们今天还在谈论我们的世界已经变得多么小——原因是全球化的收缩效应，信息的瞬时分享，快速技术，以及在全球各地运转的工作场所。

我们的世界围绕某些原则组织起来,这些原则被吹嘘为仿佛是它们创造了社区,但它们的效果却适得其反。这里面有几个要点:

便利性:更早些时候,洗碗机、洗衣机以及家庭电话的发明向我们承诺,我们能获得更多的闲暇时间。如今我们在线购物,有半成品美食或做好的饭菜送到我们家,只要对着一个存储我们购物清单的装置说话,就能把订单交到杂货店,由店家装进我们的汽车,或者直接送到我们家里。只花一笔很小的额外费用,店主就会把我们的食品杂货放到我们的厨房里。

速度:速度本身成了一种价值。越快就越好。等电话的时间是无法忍受的,所以,如今我们有了自动回复,称为机器人。事实上,在商业世界里,我们正在达到跟智能机器对话而不是跟人对话的临界点上。我们似乎也更需要时间,珍视一切虚拟的事物。

电子连接:文本、电邮、社交软件等等,使得连续不断的图像和信息共享变得容易而有趣。它们允诺给予我们更多的时间和更高的生产力;而更好的网络,则作为一个互通的世界出售。

然而,问题在于:这些实例中有任何一个产生了那种减少我们的孤立、增加幸福的社区感(sense of community)[①] 和归属感吗?没错,这些进展提供了连接、不同的信息及五花八门的见解。但它们并没有创造出这样一种连接,使得我们由此更接地气,并体验到我们情感上、精神

[①] 又译为"社区意识""社群意识"等。——编辑注

上和心理上所归属之地带来的那种安全感。

除了现代文化这些不断改变的特征之外，我们的孤立之所以发生，乃是因为西方文化、西方个人主义叙事、西方制度与职业的内向注意力（inward attention）以及西方媒体传递的信息，全都起到了使我们碎片化的作用。我们被弄得支离破碎。

碎片化的一个方面，就是我们城市和街区的不同部门之间的隔阂，企业、学校、社会服务组织、教堂和政府很大程度上都是在各自的世界里运转。每个碎片为了自己的目的而埋头苦干，但平行努力的聚合并不能创造一个社区。我们的社区仿佛分离成不同的筒仓，它们是彼此紧挨着运转的一系列机制和程序，却互无重叠和接触。理解这一点很重要，因为正是这种分割，使得创造一个更积极的或不一样的未来变得如此困难——尤其在一个青睐个性和独立远胜于青睐相互依靠的文化中。要创造一个服务所有人——为了年轻人、残障人以及经济或社会上被孤立的人——的地方，挑战在于我们需要找到一个途径，来战胜这些与生俱来的文化力量。这就要求叙事上的转变，亦即：个人主义、风险和竞争只是"我们是谁"的故事之一，它们并不是"我们是谁"的全部故事。我们的工作就是通过设计出聚集到一起的多条途径来转变叙事，使之成为我们所憧憬的未来的一个范例。

要让我们感觉到自己是安全的，并且身在朋友们，尤其我们尚未遇见的那些朋友中间，这对我们的城市和乡村小镇来说是一个特别的挑战。有关我们城市的主导性叙事是：它们不安全，还问题成堆。那些被我们贴上"无家可归者""前罪犯""废物"或"危险分子"之类标签的人，都是最显而易见竭力有所归属的人，然而孤立和分离也是现代生活中更普遍的状况。无论在门禁森严的社区和城郊住宅区,还是在城市中心,情况都是如此。

　　城郊住宅区固然宽敞而舒适,但也存在一种特殊的孤立。在这些街区,我们需要为自己的孩子安排"游乐约会"。就像商业会晤那样,孩子们之间的互动也必须预约。星期二,一个妈妈必须打电话给另一个妈妈询问:"阿列克斯周四能来我们家,和菲利一起玩吗?4点左右怎么样?如果我们来不及的话我会打电话的。他们的游乐约会将持续到大约5点45分,好让两个孩子有时间收拾整齐,参加家庭晚餐聚会。"孩子们放学后步行回家,和他们碰巧遇见的随便什么人一起玩耍的日子,已经是遥远的从前了。

　　我们彼此分离和失去连接的代价,不仅仅是自己的茕茕孑立和形影相吊,而且包括:我们的社区中有太多人的才能始终无处发挥。满足对归属的需要,不只是一种试图建立连接的个人努力,而且是一个社区问题,这正是本书中的首要关切。我们有一百种方法来鼓励个人发展,但是,当我们面临社区发展的问题时,却一筹莫展。我们的行动很少基于这样一个洞见:我们聚集在一起的方式,以及关于"作为一个集体的我们是谁"的交谈的性质,都使得语境朝着圆形的方向转变,而不再把金字塔形作为我们的自我组织方式的象征符号。我们社区的碎片化,其效应体现在低投票率、难以为继的志愿精神,以及始终疏离群体的很大一部分人口。这一苦斗也是世界各地千百万人的现实状态,他们是今日的"大离散"① 人群——越来越多背井离乡的人不能返回家园,不得不在一

---

① "大离散"(diaspora)原指古代犹太国亡于巴比伦后,犹太人远离故土散居各地。后来也指其他民族的大移居。——编辑注

种永久性的变迁状态中居住生活、生儿育女。

我们的孤立既是一种想象,也是我们实际体验到的现实。犹太人曾在古埃及为奴400年。直到最后,他们都认为这是自己的天命,从而参与了对自我的奴役。而一旦他们大声疾呼,想象自己也可以获得自由,另一种选择便呼之欲出了。我们的孤立是一种现代形式的奴役——更温和地说,是一种限制。在我们认识到自己有多孤立以及这种孤立并非不可避免那一刻,创造一个终结这种非必要痛苦的社区,就成了可能。如果我们继续孤立,为了解释自己的境况,我们就只会不停地自我责怪或是互相责怪。我们只会继续纠结于自己的局限,纠结于自己没有什么,纠结于自己对更多金钱、更多培训以及更多一切的需求。如此一来,真正的改变只会跟中彩票一样遥遥无期。

服务所有人的社区

社区提供了归属的前景,并要求我们承认我们互相依靠。归属某个地方,就是担任这儿的投资者、所有者和创造者。即使我们互不相识,也彼此欢迎。就仿佛我们来到了正确的地方,并且肯定自己选择对了。

感受到一种归属感很重要,因为它会把我们从关于安全和舒适的交谈引向更多的交谈,比如围绕我们的关联性以及慷慨与好客的意愿的交谈。好客就是欢迎陌生人,慷慨则是扩大给予、不求回报。这是我们致力于创造、巩固和恢复我们的社区时,想要培育的两个成分。须知,在孤立及与之相关的恐惧盛行的文化中,这不会发生。

* * *

在我们这样的书中，始终存在这样一个诱惑：提供证据和实例，来证明健康的社区看上去是什么样子，以及它们存在于何处。这被称作"标杆分析法"（benchmarking）。每个组织都有杰出团队，每个城市都有杰出街区，每个国家都有杰出城市。网站 abundantcommunity.com 上有一些实例。它们给了我们希望和可能性。在被视为标杆时，它们对新闻媒体很有用，但是，标杆也有一种内建的幻想成分。它暗示，如果我能在那里看到它，我就能在这里创造它。建设社区的最艰难部分在于，它始终是一项"定制型工作"（custom job）。唯有有着独一无二的天赋、决定要一起在这个地方创造什么的本地人民，才办得到。

这里的意图是探索有哪些概念和工具，可以创造出足以造就真正的社区的定制型工作。社区是怎样转型的？涉及什么样的基本转变？关于一个集体的创造和改变，我们懂得太少。我想探索一条思路，为真正的社区的诞生创造机遇，并详细列举我们每个人可以做什么来促使它的发生。本质在于，我们关于让居民们互相连接的重要性的思考要向前迈出一步。我们做出这个决定的时刻至关重要，接下来我们可以具体思考通过什么样的途径来重新设计每一次会面、聚集、居民活动，以便把居民们彼此面对面产生连接这个观念付诸实践。这样就会创造出让社区中的人们可以走到一起，进而创造出对于他们而言的新事物的条件。从"归属的结构"这个角度思考后，我们将开始打造把我们的社区转型为服务所有人的社区的能力。

挑战在于，要足够宽广地思考，以便拥有这样一套理论和方法论，它们应当既有力量带来改善，又简单和清晰到适用于任何一个想要参与改善的人。我们需要来自各个不同的地方和学科的观念，来应对社区的复杂性。然后，就假定这些观念为真，我们必须把它们转变成极端简单而具体的行动。

这意味着思考的一种转变，它将给予我们一些关于集体可能性的线索。思考的转变，是本书第 1 至 7 章的焦点。接下来，我们将转到方法论，你们很多人可能认为这是本书的核心，但是如果没有思考的转变，方法论就成了技术，实践就成了模仿。

* * *

一个关键视角是，要为我们的社区创造一个更积极、更有连接性的未来，我们就必须愿意用它们存在的问题来换取它们的可能性。只有通过这一交换，我们才能为我们的城市和街区、组织和机构创造一个未来——一个迥异于过去的未来。这才是关键点。

而要创造另一种未来，我们需要推进我们对社区转型或集体转型的性质的理解。对于个体转型，我们所知甚多；但我们对于人类系统，比如我们的工作场所、街区和城镇的转型的理解充其量也是原始的，还经常天真地相信，只要有足够多的个体接受训练，成为更有意识的、更富有同情心的人，一个社区或机构的文化转型就会发生。集体转型从来不是以这种方式发生的。

一个迥异于过去的未来

那么，核心问题是：我们当中那些操心整个社区的人，通过什么样的手段才能为我们自己创造这样一个未来，它不仅仅是一次改善，而且与我们的现状具有不同的性质。

这就是我们在本书中为什么不聚焦于个体的转型。个体的转型是更为流行的话语，本书不选择聚焦于此，乃是因为我们已经知道，数量庞大的个体的转型并不会导致社区的转型。如果我们继续把个体视为变革的首要目标，我们就会把我们的主要精力耗费在这个问题上，而始终不会完全致力于社区。这样一来，个体转型的出现就是以牺牲社区为代价。

* * *

社区感有着实际的重要性，这一事实大概在罗伯特·帕特南（Robert Putnam）的《独自打保龄：美国社区的衰落与复兴》（*Bowling Alone*）一书中得到了最好的证明。他发现，个人健康、教育成就、地方经济实力及社区福祉的其他衡量标准依赖于一个社区中存在的社会资本（social capital）的水平。

地理、历史、杰出的领导力、精细的程序、经济优势，或者我们传统上用来解释成功的任何其他因素，只会对一个社区的健康、教育或经济实力造成微不足道的差别。一个社区的福祉仅仅与其居民间的相互关系的质量，亦即凝聚力有关。帕特南称之为社会资本。

社会资本关乎依据我们的互相依靠和归属感采取行动，并珍视这种互相依靠和归属感。它的衡量标准是，我们在多大程度上互相信任，我们在多大程度上合作来让一个地方变得更好。如果帕特南是对的，那么要改善社区健康的常见衡量标准——经济、教育、健康、安全、环境——我们就需要创造这样一个社区：其中的每个居民都有与邻人相连接的经验，并知道自己的安全和成功依赖于其他人的成功。

这对我们的城市来说是一个重要的洞见。即便我们最漂亮的城市和街区，如果你往深处看，一定有太多的苦难。唯有飓风"卡特里娜"带来的堤坝决口，才能向世人暴露新奥尔良的贫穷及其脆弱的生活。即使在表面上经济增长的时期，贫困仍在继续恶化。毒品成瘾依然让所有反对毒品的斗争束手无策。

当前的社区

我生活在俄亥俄州的辛辛那提，那儿像我们大多数的城市中心一样拥有大量不可替代的优点和资产，也有一些不能无视的挑战，即使我们想方设法无视它们。不管我们生活在哪里，我们都和那些伤痕累累的街区相距不远，那里到处都是残破的建筑，人们埋头苦干，却只能勉强糊口。当前的美国文化往往排斥这些邻居。无视那些身处边缘之人的挣扎，认为这儿就是最好的世界，或者认为我们做得很棒，尤其是如果我们自己的特定街道或街区安全而繁荣的话，那就是戴着眼罩生活。

我们有很好的理由选择戴着眼罩生活。郊区生活、高端的城市和乡村生活，以及定居"热门"之地的梦想，都有很大的吸引力。不断有人提醒我们有门禁的社区、古朴典雅的繁荣小镇和举国赞誉的黄金城市的诱惑力。我们经常听到这些地方的街道干净整洁，行人来往频繁，住房是一串珍珠，市中心生机蓬勃，街区令人自豪。

然而，这些兴旺繁荣的地方只是故事的一部分。吉姆·基恩（Jim Keene）——一个非常聪明和成功的公务员——指出了这一点。他曾作为伯克利、图森，以及现在加利福尼亚州帕罗奥图市的城市管理者，把自己的人性和愿景带入了建设社区的大熔炉中。吉姆曾说，每一座繁荣兴旺的城市，附近都有另一座城市为它的繁荣兴旺支付代价。

我们知道，我们的中产阶级在不断萎缩，富裕阶级与下层阶级之间的分化在不断加剧。你只要贴近观察世界上的大城市，都不可能看不到严重的失业、贫困、无家可归，还有空置的建筑组成的街区，不断恶化的环境，在街角日夜游荡的青少年，以及人们对公共安全的忧虑。

我们知道，我们市区学校的辍学率和糟糕透顶的条件，以及实现所有人都负担得起的医疗保健有多困难。这份清单可以继续列下去。但这不是要点。这里的问题不是关于争斗的性质，而是关于治疗的性质。本书的信念是，如果没有连接紧密的社区作为基础，这些条件就不会得到改进，哪怕我们不断地投入金钱和提出计划。

所以，本书的焦点在于改变我们社区中的这些条件，既在那些付出代价的地方，又在更加繁荣的邻近地区。因为即使是在繁荣之地，社区的观念和体验也并不稳固。如果贴近观察，你就会认识到，我们文化中的社会结构比我们想象的更脆弱。

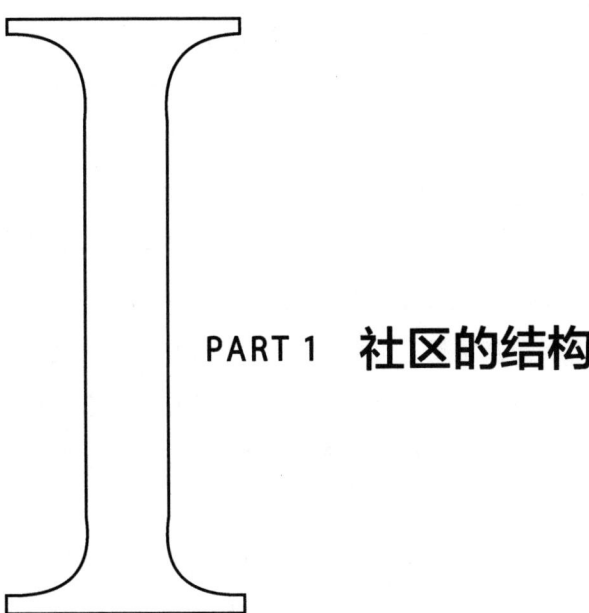

PART 1　社区的结构

> 非凡的事物总是呈现为一种习惯，就如日头东升似乎只是大自然的日常。
> ——亚伯拉罕·约书亚·赫舍尔（Abraham Joshua Heschel）

社区的社会结构由下面这个观念塑造成形：只有当我们彼此连接并关心整体的福祉，一个文明的和民主的社会才能创造出来。这就像信佛教的菩萨：在其他所有人都进入极乐世界之前，我们当中没有一个人能进入极乐世界。

9　　让社区建设变得如此复杂的是：它是通过无穷多的"一小步"发生的，有时就发生在我们眼角余光也未曾留意的无声时刻。它要求我们郑重对待我们以为的偶然之事。事后的想法（afterthought）成了要点：在定义我们是谁方面，顺带的意见比先见判断更加重要。如果说艺术家是要捕捉经验之微妙，那么，我们每个人必须成为这样的人。透过艺术家那样的眼睛来观看，这反映了社区的亲密特性，即使它发生在庞大的人群中间。

10　　那么，创造社区或令社区转型的关键，是要认识到与他人同在的一些细小却重要的成分的力量。我们所寻求的转变，必须体现在我们发出的每一次邀请中，我们遭遇的每一个关系中，以及我们参加的每一次集体活动中。因为在最可行、最实际的层面上，在完成所有关于政策、战略、使命和里程碑的思考之后，归属的结构无非归结于此：当我们聚集到一起时，我们会变成怎样？

第1章 ｜ 有关转型的洞见

创造社会的结构，每次只能完成一个房间。它是一小步一小步形成的，每一步都要问"我们在这个房间里想要成为谁？"以及"我们期望发生的新交谈是什么？"。在社区建设中，我们所选择的人和交谈，需要能够产生出构建关联性、构建归属并推进行动的责任（accountability）。正是在这个过程中，责任得以选择，对整体福祉的关心得以体现。个体转型不是要点；构筑和巩固社区的结构是一种集体努力，而一开始就要转变的，是我们关于我们的连接性的思维模式。

一系列核心洞见告诉了我们，该如何回答这些问题。这些洞见包括这样一些观念：它们聚焦于天赋，聚焦于社团生活（associational life），也聚焦于所有转型通过语言而发生的途径。还有一些洞见也很关键，它们关乎语境，而语境则支配着交谈以及与未来对话的意愿。

这里探索的社区结构中的另外两条线索是：每一小步都需要拥有活力，都需要成为我们想要居住其中的更大世界的范例。实现这种活力有一个既定的方法，它珍视房间里的所有声音，即使在大型集会中也利用小团队，并承认责任产生于共同创造的行动。创造另一种未来，本质来自居民与居民之间的互相参与，其每一步都聚焦于整体的福祉。

* * *

社区转型的这一方法论，其基于的信仰体系主要受到来自几个学科和一些人的影响，他们的工作在很多方面都很激进，他们的洞见对我们的目的来说也具有基础性。本书中还提到了给予我们教益的另外很多人，但下面这五位触及了核心：约翰·麦克奈特（John McKnight）、维尔纳·艾哈德（Werner Erhard）、罗伯特·帕特南（Robert Putnam）、克里斯托弗·亚历山大和彼得·科斯滕鲍姆（Peter Koestenbaum）。第六组洞见来自一群奇才，他们为大群体的方法论赋予了生命，其中包括——马文·维斯伯德（Marvin Weisbord）、凯西·丹尼米勒（Kathie Dannemiller）、迪克·阿克塞尔罗和艾米莉·阿克塞尔罗（Dick and Emily Axelrod）、卡罗琳·卢肯斯梅耶（Carolyn Lukensmeyer）、芭芭拉·邦克尔（Barbara Bunker）、比莉·阿尔班（Billie Alban），以及戴维·艾萨克斯（David Isaacs）和胡安妮塔·布朗（Juanita Brown）。

还有两个人，他们的洞见对于理解世界如何改变很重要。一位是戴维·伯恩斯坦（David Bornstein）。他的著作《如何改变世界》（*How to Change the World*）分析了在全球各地创造过大型社会运动的九个社会企业家。戴维对于他们何以成功的总结值得我们关注。最后，我还简短地介绍了艾伦·科恩（Allan Cohen）的思考。他把表象世界和复杂适应系统翻译成了我时不时以为我也懂得的语言。

我选择这些人，乃是因为我本人认识他们当中的大多数，他们都曾经震动过我自己的思考；在我看来，他们的观念经受住了时间和经验的检验。

下面是对他们的工作中有益于这项事业的各方面的一份归纳。我会在本章中简洁地概括他们的洞见，继而在本书后续章节加以组合。

麦克奈特洞见：天赋、社团生活和力量

约翰·麦克奈特是理解社区的性质及其构成的世界级重要人物。他的三个洞见永久性地改变了我的思考。

聚焦天赋。首先且最重要的是，他断言社区的建设应通过聚焦于人的天赋而不是聚焦于他们的缺陷。在社区和志愿精神的世界里，缺陷没有市场价值；天赋才是要点。社区中的居民想知道的是你能干什么，而非你不能干什么。

在服务供应商的职场里，整个产业建立在人的缺陷的基础之上。社会服务及大多数的医疗和心理服务，都是围绕人身上的缺失或损伤来组织的。

麦克奈特指出，如果你去找一个专业的服务供应商，说你没有缺陷或问题，只想谈谈你的天赋和才能，他们会让你哪儿凉快到哪儿待着去，你受到的对待就仿佛你在浪费他们的时间。去找一个社团或一群邻居，告诉他们你的能力是什么，他们才会感兴趣。

若得到严肃对待，这一洞见将意义重大，因为它排除了我们眼下大

多数关于缺陷的交谈,后者涉及问题诊断法、差距分析(如果你不知道这是什么,那可要谢天谢地)、弱点,以及我、你及世界上其他人的差错。它还强调了给人贴标签的局限性。麦克奈特明白,贴标签的行为本身,就是在削弱人实现自己潜力的能力。如果我们关心转型,我们就会始终聚焦于天赋,以至于我们的工作仅仅变成了让那些身处边缘的人的天赋用得其所。

约翰聚焦天赋,使得他发起了一场世界范围的运动,该运动被称作"资产为本的社区发展"(Asset-Based Community Development)。简言之,这一运动宣称,要想让社区变得更强大,我们就应该研究它们的资产、资源和才能。只有通过关注这些东西,新的变化才可能发生。

社团生活。这里的第二个相关洞见,与系统的局限有关。约翰把一个系统看作一个组织化群体,它由在案例、客户和服务领域运作的资金雄厚、资源充足的职业人士所组成。一旦你把关心给职业化了,你就立即产生了一个逆喻(oxymoron)①。他说,系统有服务的能力,但没有关心的能力。跟任何穷人或容易受伤害的人交谈,他们可以给你一长串他们已接受过的服务清单。他们受到了很好的服务,但你经常不得不质疑,他们的生活发生了什么根本性改变。

系统之外的另一个方案是约翰所说的"社团生活":成群的人们自愿走到一起做某种好事。在残障人的世界,约翰的工作被人们热情地接受。这导致了一次世界范围的努力,试图把有明显残障的人带出机构和

---

① 也译为"矛盾修辞法",指用两种构成反差的表述来形容一件事物,起到一种强烈的修辞效果。此处有"悖论"之意。——编辑注

系统，把他们带回到邻里友爱中。借助大量的电话和请求，一些支持团体缓慢而自愿地创立起来，好让普通居民走到一起支持他们的新邻居。这一策略把慷慨带回到邻里关系中，此外在行动中，那些有隐性残障的居民（所有人都可能是）也经历了他们自己生活的一次转型。

我们自身的力量。对于社区建设的第三个洞见，是约翰对居民自己来确认并解决问题的信任。他发现，社区中最可持续的改进是在居民发现他们有力量行动时发生的。不管什么问题——毒品、恶化的住房条件、糟糕的经济、流离失所、暴力——恰恰当居民不再苦等职业人士或选出的领导者有所为，而断定他们可以自己来做先前托付别人之事时，改进才真正发生。在大多数持久性的社区改善和改变的故事中，都能看到这种力量发挥作用。

总结一下约翰·麦克奈特和他的搭档乔迪·克雷茨曼（Jody Kretzmann）著作中的这些洞见：社区是通过其居民的资产和天赋，而不是居民的需要或缺陷建设起来的。组织化和职业化的系统有能力提供服务，但只有社团生活才有能力提供关切。可持续的转型是在这样一些地方构建的：那里的居民——而不是机构或专家——选择走到一起，打造一个他们渴求的未来。

艾哈德洞见：语言、语境和可能性的力量

三十多年来，维尔纳·艾哈德创造了已影响千百万人生活的思考体

验和学习体验。他得出的很多观念吸取自其他人的智慧，但维尔纳给它们命名并加以整合，令这些思考有了比其初创之时更加强大的力量。他在兰德马克公司（Landmark Corporation）工作过，还持有其他执照。我在这里仅从他的工作选择了他遗产的一小部分，但正是这些观念，改变了我的生活和实践。

语言的力量。维尔纳懂得，语言具有最重要的创造特性。的确，我们很多人许多年来聚焦于改善性的交谈。我们也知道，对话和交流是改善的重要工具。但维尔纳宣称一切转型都是语言的转型，这就把它带到了一个全新的领域。

他相信，言说和倾听的转变是转型的本质。如果我们有任何意愿创造一个不一样的未来，就只能通过我们语言的转变来发生。例如，如果我们想要文化发生改变，要做的工作就是改变交谈——或者更准确地说，要有一种我们以往未曾经历的交谈，一种有力量在这个世界上创造某种新事物的交谈。这一洞见迫使我们质疑，我们的故事、我们采取的立场、我们对过去的爱以及我们在世界上存在的方式究竟价值何在。

语境的力量。另一个洞见如此表述："语境是决定性的。"这意味着我们的世界观，或者用他的话说，"世界向我们呈现"的方式，会强有力地影响我们有效工作的方式。除非我们能够质疑，然后重新选择我们行为背后的一整套基本信念——有人称为思维模式（mental model），我们这里称为语境——否则，我们的行为或我们的生活方式不会有任何转变。援引维尔纳的话说："语境构成了语言，所以，对于限制和塑造我们行为的语境，我们要有所阐述。"

这一洞见暗示，我们可以选择在何种语境中生活。此外，更进一步，我们可以选择一个更适合于我们现在是谁的语境，而不受通常的限制：长年的内心思考、一场致命的危机、寻找一种新关系，或者回归学校（这都是选择的最常见转型技术）。

令它发生的方式（我们在此加以大幅简化）便是改变我们与过去的关系。我们的办法是，通过一个沉思和反思的过程认识到，我们何以未能了结自己的过去，并在无意识中把它带入未来。当我们密切关注我们的倾听所遭遇的限制，并承认我们的过往是我们的限制时，转变便发生了。这最终为一个新的未来的产生敞开了大门。

可能性的力量。 改变我们与过去的关系，引向了语言的另一个方面，维尔纳曾予以精心发展。这就是关于可能性（possibility）的概念及其使用之潜力的认识。这里所使用的可能性，有别于另外一些词，比如想象、目标、意图和天命。后面这些词都有各自的深刻意义，但全都不同于维尔纳使用可能性这个词的方式。在这里，可能性是一个宣告（declaration）：宣告每当我们到场时，我们会在这个世界上创造什么。它是我们希望这个世界上出现的一种状态或者价值，譬如和平、包容、关联性或和解。一个可能性，只需通过宣告它便开始存在。

例如，如果你宣告你就是这个世界上的和平的可能性，尽管此时此刻和平可能并不占主导地位，但仅仅因为你走入门内，和平的可能性也进入了房间。这里的和平是一种不依赖于实际成效的未来，它就是一种可能性。可能性由我们的宣告所创造，然后，谢天谢地，它就会开始对我们发挥作用。突破点是，我们成了那个可能性，而这恰恰是正在转型的东西。困难则在于，只有当我们勉强适应了我们的过去，可能性才会对我们发挥作用。无论我们脑海里的过往有何不同，它作为我们对过去的理解，作为我们获得自己身份的依据，都会成为进入一个新的可能性的限制。

维尔纳在私人通信中更精确地描述了这一点：

> 我建议，你不妨考虑弄清楚：正是一个人将要生活的未来，塑造了一个人当前的存在和行为。此外，之所以看似是过去塑造了一个人当前的存在和行为，仅仅是因为对大多数人来说，他们曾生活的过去塑造了他们的未来观。
>
> 只有了结过去（与过去了断），使其不再塑造一个人当前的存在和行为，才会有创造一个新未来的空间（一个不由过去塑造的未来——那样的未来无论如何不会发生）。而不由过去塑造的未来（亦即无论如何不会发生的未来）是通过语言来构建的。
>
> 总而言之，（1）要了结过去，亦即让它在未来没有一席之地（了结过去不等于忘记过去）；（2）当一个人的存在和行为不由过去塑造，当前的他就为未来留下了空间，他就会创造未来（一个推动、触动和启迪他的未来）；（3）那个未来会开始塑造一个人当前的存在和行为，使得这些存在和行为跟实现那个未来相一致。

对于任何关于真正转型的思考，维尔纳·艾哈德关于语言、语境和可能性的思考方式都是关键成分。就像这里提到的其他洞见一样，它们首先都关乎在世界上的存在方式,然后它们才可以体现在具体的行动中。

帕特南洞见:社会资本和社区福祉

罗伯特·帕特南写了一本《独自打保龄》,充实了关于社会资本在建设社区中所扮演角色的话题。作为其广泛研究的一个部分,他研究了相当多意大利城镇,试图搞懂为什么有些城镇更民主,经济上更成功,医疗卫生情况更好,取得了更出色的教育成就。

他的研究结果令人震惊,因为他发现,把那些更成功的城镇与那些不那么成功的城镇区别开来的一样东西,就是社会资本——或者存在于其居民中的广泛关联性——的大小。作为一座城镇,成功并不依赖于它的地理、历史、经济基础、文化遗产或财政资源。

帕特南揭示了,我们如何越来越脱离家庭、朋友、邻居和我们的民主结构,以及我们如何可以重新建立连接。他警告,我们的社会资本储备——这正是我们彼此连接的结构——急剧下降,导致我们的生活和社区不断枯竭。

正如早先介绍帕特南时提及的,地理、历史、杰出的领导力、精细的程序、经济优势以及我们传统上用来解释成功的任何其他因素,只会对一个社区的健康造成微不足道的差别。跟社区福祉有关的,只有关联的质量,即其居民当中存在的凝聚力。他称之为社会资本。

在《和衷共济》(*Better Together*)这本书中,帕特南与合著者 M. 费尔德斯坦(Feldstein)解释道:"社会资本指的是社会网络、互动的规范、互助以及可信度。这一途径的核心洞见是：社会网络无论对于身处网络中的人……还是对于旁观者，都具有真正的价值。例如，犯罪学家已显示，当邻里之间彼此熟悉时，一个街区的犯罪率就会降低，这令那些自身并不参与街区活动的居民也受益。"

他们接下来区分了"黏合性"（bonding）社会资本和"连接性"（bridging）社会资本。黏合性社会资本包含了关注自身的网络，由志趣相投的人组成。另一种社会网络则"包含不同类型的人，倾向于眼光向外看——连接性社会资本"。我们这里感兴趣的，主要是连接性社会资本。正如帕特南和费尔德斯坦所指出的："一个仅仅有黏合性社会资本的社会将……分裂成互相敌对的阵营。所以，一个多元的民主制需要大量的连接性社会资本，而不能只有黏合性社会资本。"

亚历山大洞见：活力、整体性和展开

克里斯托弗·亚历山大从建筑界的视角发言，但他的思考同样适用于社区的创造。他对我们当前碎片化、机械化的操作方式感到痛心。在《秩序的本质：论建筑艺术和宇宙本质》（*The Nature of Order: An Essay on the Art of Building and the Nature of the Universe*）第一卷《生命现象》（*The Phenomenon of Life*）中，他写道：

在讨论一座城镇的某个地区该做什么时，一个人认为贫困是最重要的事，另一个人认为生态是最重要的事，又一个人把交通作为他的出发点，再一个人把发展带来的利润最大化看作主导因素。所有这些观点都被理解为个人化的、正当的，并难免引发冲突。普遍的假设是，不存在一个单一的观点可以将这样的多种不同现实结合起来。于是它们只能在集市或公共论坛上一决高低。

但是，因此就不是清晰的洞见，不是越来越多人共同意识到在一幢建筑里、一个公园里甚或一条长凳上应该做什么——简言之，什么是好事——情况依然是，几个不同的、互不相容的观点围绕某个含糊不清、几面讨好的行动而争吵不休。

活力和整体性。 对这种碎片化的替代方案，是创造被亚历山大定义为"活力的特质"（quality of aliveness）的结构。这一特征的存在与否，对于那个结构中的存在体验有着深刻的影响。而且，要让那种"活力的特质"存在于最终产品中，它就必须存在于设计和创造结构的每一步中。

这种活力产生于对整体性的感觉。整体性由一系列分离的中心组成，每个中心都有"某种生命或能量……我们可以看到，任何一个中心的生命都依赖于其他中心的生命。这种生命或能量不是该中心本身与生俱来的，而是生成这个中心的整体构造的一项功能"。

为了把这和我们的讨论连接起来，我们必须问：我们工作的每一步是不是都具有生命或能量的这一特征。无论我们正在谈论一个策略、程序、邀请、对话、集会，还是一项总体规划的构建，在每一次选择或每一个步骤中，人的活力体验就像任何技术考量、经济考量或纯粹的现实考量一样意义重大。

这种活力经常可以在令人吃惊的地方找到。通常是在不规则的结构中，它们全都有不完美的方面。亚历山大辨别了创造整体性和活力的 15 个属性。在这里列举所有的属性未免离题，但有些属性明显是切题的。听听他所使用的语言，你会对他正在命名的那个世界生出一种感觉：深度的连锁性和相关性（Deep Interlock and Ambiguity），反差（Contrast），有瑕疵（Roughness），简单和内在平静（Simplicity and Inner Calm），非分离（Not-Separateness）。

他是用这些词汇来反映自然中和一个房间或建筑中的特征，我们可以很容易把这些词汇拿过来，应用于我们这里所关心的社会资本、人的关联性和归属的世界。本书中接下来的很多内容正是这样做的：把活力和整体性带给领导力、居民身份、社会结构和语境这些概念，它们在创造我们渴望的归属型和修复型社区上必不可少。

作为展开的转型。 亚历山大的另一个影响是他的这个信念，即活力和整体性只有通过一个"展开"（unfolding）过程才能发生。转型需要展开，并由一个整体意识来赋予结构。转型的任务要如此操作——我们创造出的东西要有机地生长，其中更加要紧的是给予我们整体性体验的"活力的特质"，而不是可以预见的目的地，以及我们到达目的地的速度。

展开策略需要为我们的每个小步骤赋予一种不太好理解的重要性。我们既要操心令我们集合在一起的社区问题，又要同等操心对空间的安排。它引导我们重视每一步的细节，以便每一步都成为它自己的中心。例如，一项整体规划的每一步，必须成为我们期待最终的伟大成品也具备的特质的一个小范例。本书从头到尾，你都会看到重视小事物的努力,而这个意图正是亚历山大洞见的直接结果。

总而言之,克里斯托弗·亚历山大推动我们朝着活力前进,这种活力体现在给予我们归属体验的那些地方和时刻。每当活力缺失,我们就会在不知不觉间体验到一种内在冲突,一种有什么事情尚未解决的感觉。

科斯滕鲍姆洞见:悖论、自由和责任

几十年来,彼得·科斯滕鲍姆把哲学洞见带到了商业市场。他对领导力钻石模型(Leadership Diamond)的研究,通过一幅整体性的图景,描绘了领导者在这个世界上实现伟大成就——无论是为他们自己,还是为他们的机构——所需要的东西。

欣赏悖论。科斯滕鲍姆指出了我们怎样才能适应人类事务的悖论特性,这个洞见鼓舞了我们对社区转型的探索。他很看重歧义性和焦虑,视之为作为人的自然条件。人们在生活中以及为了他们的习俗制度所做出的痛苦选择,恰恰确证了他们的人性。这些选择并非某种问题或弱点,或是世界出了差错的信号。转型恰恰是从生活的主观性和复杂性中显露出来。作为一个哲学家和咨询顾问,科斯滕鲍姆总是表明,正确的问题可以多么深刻。

正是重构、翻转甚或颠倒一个问题的意愿,为真正的改变创造了深度和开端。当问题因为它们自身而受到重视时,它们便呈现出几乎神圣的维度。这跟人们对答案和快速的程序化行动的一般需要形成强烈反差。

选择自由和责任。贯穿本书并在科斯滕鲍姆的所有工作中一以贯之的第二条线，是对人类自由的探索——自由就是选择成为我们自己经验的创造者，并承受随之而来的难以忍受的责任。从这一洞见中产生了这样一个观念：领导层的真正任务大概是让人们勇于正视自己的自由。这可能是那些对他人拥有权力的人应当付出的终极爱心行动。

选择我们的自由，也是我们选择承担责任的意愿之源。这个洞见是：正是自由创造了责任。自由不是逃避责任，就像流行文化经常误解的那样。

科斯滕鲍姆的工作中影响了我有关社区的思考的另一个方面，是这样一个观念：当我们勇于正视我们的自由时，当我们选择接受这一自由并据此行动时，我们关心整体福祉的意愿便产生了。

大群体方法的洞见：为社区体验而设计

最近三十年来，非常小的一群人日益老练地让庞大人群（每次50人到5 000人）聚集起来，一起创造愿景、构建策略、定义工作过程，以及为机构和社区设定方向。这个知识体系有很多名称，但通常被称作大群体方法（large group methodology）。尽管它已得到专业从业者的高度认可，但并没有成为大多数领导者做计划以及让人们聚集在一起的主流方法。这些方法往往沦落到只在特定场合为了特定事件而搬出来。我们就像对待纯银餐具那样对待这些方法，日常则使用不锈钢。这就太可惜了，因为这种实践类型与那种把人们聚集起来的传统方法之间的差别，更像是使用纯银餐具与用双手吃饭之间的差别。

这些大群体方法太深刻、太重要，不能一直主要留在专家的手里。它们需要进入社区和机构领导者的常规实践中。它们不只是工具；它们还是创造民主以及深度参与的体验的手段，我们虽然说自己相信这样的体验，却很少把它具体化。当这一思考和实践发展时，它们便有了从根本上改变领导力性质的潜力，而这可以成为一件好事。

本书特别介绍了几位改革者的工作，其中有四位是我多年的朋友和老师。我在这里深思他们的思考，仅仅因为我曾与他们在许多场合交流过。还有其他很多人，也改变了这个世界以及我们关于如何把大群的人聚集在一起的思考，这里想到的有：哈里森·欧文（Harrison Owen）、芭芭拉·邦克（Barbara Bunker）、比莉·阿尔班、弗雷德（Fred Emory）·埃默里和玛丽莲·埃默里（Marilyn Emory），以及卡罗琳·卢肯斯梅耶。

未来探索（Future Search）。马文·维斯伯德和桑德拉·贾诺夫（Sandra Janoff）一起创立了"未来探索"。这个结构从审视环境开始，并把人们带入一场关于他们想要创造的未来的交谈。正确的问题，兼顾专家意见与集体对话的方式，以及如何把不断的小组讨论构造成一个集体结果，马文和桑德拉很早就明白这三者的重要性。他们还把解决问题和创造未来之间的区分加以规范化。

会议模式（Conference Model）。迪克·阿尔塞尔罗和艾米莉·阿克塞尔罗都是设计天才。他们很早就认识到，如果我们能改变我们集会的方式，我们就能改变我们在一起生活的方式。他们知道，这样设计集会的方式最可能让学习发生——让人们相互交流，从而在会议上体验到他们在生活中所面对的相同困境，阿克塞尔罗夫妇创造了模仿民主、自治原则的各种体验，这样的体验如果得到严肃对待，可以创造由忠诚而有力的人组成的大型社区。

全面变革（Whole-Scale Change）。已故的凯西·丹尼米勒是这场运动中的另一个改革者。"一心一意"（One heart—one mind）是她生活的精神，她的目标是把这种精神灌注到人们聚集起来创造新未来的事件中。她对雇主和居民的集体能力的信念，或许让托马斯·杰斐逊也自愧不如。

她的导向性问题是："由于我们今天的相遇，明天的世界将如何不同？"像其他人一样，她也重视这个问题，并对现有的答案抱持深刻的怀疑。她还知道，最有力量的问题需要触及心灵并且针对人们正在体验之事。如果说"你知道了什么并且何时知道？"解释清楚了"水门事件"听证会的话，那么，"你听到了什么并且感受如何？"这个问题就是她的工作的核心。

凯西想要的是空间里的整个系统，然后不断把它们拆解为小组。她主张，小组在它最多样化时运作得最好——意思是每个小组都是大系统的缩影。这一构成方式，加上一个足够宽广的问题，使得人们暂时搁置他们自己的个人利益，开始关心整体的福祉。

世界咖啡馆（The World Café）。最后，我想谈谈胡安妮塔·布朗和她的搭档戴维·艾萨克斯的工作，他们的结构被称作"世界咖啡馆"。它的优点在于其简洁性中隐藏着精密。他们首先是尝试解释清楚一个针对集会的目的的大问题。每个小组都聚焦于这个问题，但在咖啡馆方法中，群体围绕一张鸡尾酒桌大小的圆桌而坐。

每张圆桌上有一张活动挂图或牛皮纸，每人一支彩笔。有人说话时，每人用大字把值得保留的观念写在纸上。每隔一段时间，就像"抢椅子游戏"① 那样（除非有足够的座位供所有人坐），一个人作为东道主留在桌旁，其他人去不同的桌子。东道主将为新的小组概括纸上记录的内容，讨论继续。最后，来自各桌的观念会在整个群体中分享。它是促进大群体融合的一个优雅模型。

现在，我这里的意图，不是要描述这些创新型的大群体方法之一的完整过程——我知道，我这种极简主义的描述和感谢，对其中每一种方法都很不公平。我的意图是界定大群体工作的设计基础的某些基本成分，须知大群体工作影响了我们关于社区转型的思考。

每种大群体方法的每个成分，对于人们如何集会、如何创造一个不一样的未来，以及社区如何能以一种可持续的方式发展，都有着深远的意义。我们曾将"训练"（training exercises）贬低为虽说有用但难免次要，如今它们有了一种超乎我们想象的力量。它们构成了一种在社区中思考和运作的方式，当我们把它们与其他人的哲学洞见相匹配时，它们会给予我们那种我们寻求的归属结构。下面是对它们的思考力量的一个

---

① 一种随乐声抢椅子的游戏。参加者总是比椅子多，参加者随乐声围着椅子绕圈走，音乐一停就抢椅子坐，未抢到椅子者被淘汰。——编辑注

简短总结：

责任和承诺。根本性的洞见是：人们会对他们参与创造的事物负责并全力以赴。这个洞见会扩大为这样一个信念：不管世界对我们有什么要求，最相关的人们都有集体智慧来满足这一要求的条件。如果我们能把他们集合在一个房间里，再加上正确的语境和少许简单的基本规则，那么这个房间里就会几乎一直存在创造未来或解决问题的智慧。为此，你所需要的一切仅仅是确保，房间里的人们正是你想要影响的更大世界的一个多样、复杂的样本。

这个洞见肯定了集体智慧，非议了代价高昂的研究和专门知识。这就是为什么这一思考遭到学院派、大多数咨询专家，以及口头拥护民主实际上只信任家长统治和冒牌授权的那类领导层的怀疑。

向陌生人学习和互相学习。把居民、领导者和参与者聚集起来的关键，是在房间里创造一个反映我们想要的未来的鲜活样本。这意味着我们要让房间里有尽可能高的多样性。陌生人越多越好。原则之一是：所有声音都要听，但大可不必一次全听，或让每个人都听。让此事成功的要诀是，几乎每一件重要的事都只能在一个小组中发生。这表明了另外一个原则，即大多数学习发生在对等互动的场合；它是一片沃土，某种新事物由此产生。在这个小组中，你最大程度地结合了人们的经历、价值和观点，而以这种方式，包含6至12个人的每个小组就把整个系统体现到了那个空间。

偏重未来。来自大群体方法的洞见有一种偏重未来的倾向,很少甚或不把时间用于协商过去,或强调我们无论如何不会同意的方面。最有组织作用的交谈开场白是:"我们想一起创造什么?"对于深度诊断,更多的研究、争论与协商,以及等待高层领导者的资助和转型来说,这就足矣。

我们的参与方式很重要。那些发展出这些原则和洞见的人,最重要的贡献是这样一个观念,即我们让人们聚集到一起的方式,比我们通常呈现给人们的东西的内容更加重要。我们构造集会的方式,就如理解一个问题的性质或是聚焦于我们所寻求的解决办法一样值得关注。

这些大群体工作的大师们送给我们的礼物是这样一个信念,即转型取决于改变我们相互协作的结构。这个洞见在于,真正转型的发生并非通过聚焦于改变个体或是精于政治过程,后者的基础是对利益的鼓吹、强硬的谈判,或者找出权力位于何处从而让政治过程为你所用。这些大师的洞见代表了我们诸多传统思考的一次戏剧性转变——顺便说一句,这样的思考并不那么奏效。

伯恩斯坦—科恩洞见: 规模、 速度和自然出现设计

戴维·伯恩斯坦是一个新闻记者,报道过孟加拉国的格莱珉乡村银行及后来成为大规模运动的其他社会革新。他的书中讲述的故事里,有一些关于成功的转型如何发生的激进思想。

26　　**小规模，慢增长**。戴维描述的实例中，没有一个是作为政府资助或大系统资助的计划而起步的。每个项目都只有很少的启动资金，没有鼓乐齐鸣，也很少关注如何衡量结果。每个项目都有一个全心投入的、自封的领导者，并承诺要让他们能够影响的范围内所有人的生活有所不同。

伯恩斯坦的结论是，资金充裕的努力，虽然有着清晰的结果并清楚地说明了实现结果的步骤，但并不会起到作用。大规模启动的变革总是从顶层发起或强推，要求快速奏效，因而不可避免地甚少产生可持续性的结果。这可能是一个线索，提示了我们的斗争——比如针对毒品和贫困的斗争——为什么总是令人失望，有时候甚至令它们试图消除的对象更加泛滥。

如果你深思一下伯恩斯坦所记录的那些成功领导者的故事，你就会认识到，这些企业家都足够坚定和有耐心，给他们的项目足够的时间去演变，并找到它们自己的运转方式。仅仅学习取得成功需要什么样的结构、安排、领导力和人员类型，就要耗费多年。

唯有在模型经过演化，并且按其一开始自行设定的条件获得成功之后，它才会赢得关注，并达到触及大数量人群的规模水平。

这意味着，社区的可持续改变是在局部以小规模出现，缓慢地发生，并且是在草根层面发起的。

自然出现（Emergent）设计。艾伦·科恩是一个杰出的战略顾问，他结合了对交谈力量的深刻理解和关于设计的有机特性的洞见。这是一个有效力的组合。艾伦让伯恩斯坦所记录的策略变得更有目的性、更明确。艾伦区分了自然出现策略跟目标（destination）策略或蓝图策略。他说，有效的变革策略明显始于一种强烈的目的感，以及把某种新事物带入这个世界的承诺。

关键是这之后做什么。艾伦谈到了两件事：一是承认组织始终在适应和学习，即使在缺少大的变革举措时。所以，一个很好的起始点是问，组织为什么没有自然而然地朝着更合意的方向变动。然后采取温和的步骤，来对正在左右组织的固有变革方向的交谈和关系施加影响。密切注视，什么东西会自然出现、暂停、反思和纠正路线——再密切注视，什么东西会再次自然出现。这就是自然出现的粗糙定义。

艾伦的第二个洞见，是关于改变为了实施一个意图所要依据的各项条件。比如，他声称能够放牧一群猫，而很多人都说过这绝无可能。他的做法是把地板倾斜，这样就改变了猫群的活动条件。自然出现策略更多地聚焦于条件，而不是行为或可预测的目标。具有讽刺意味的是，预测路径的做法，反倒可能变成实现意图的障碍。

艾伦在自然出现设计方面的工作，极其强调目的的清晰化，其中的关键则是为一个不同的未来拓展可能性。他也重视关联性，认为它是一切成就的基础。

组合这些洞见

戴维·伯恩斯坦的故事，表达了本章所概括并且贯穿于全书的所有洞见。例如，他谈论的那些努力所示范的诸条件，引向了亚历山大所说的"活力的特质"。它们缓慢展开，具有高度的自觉性，然后它们成了自身之内的以及自身的小型整体中心，而最终，这些中心开始与其他中心有机地结合，从而壮大到一定规模。

这些努力中的一部分领导者，也选择了采纳维尔纳·艾哈德的可能性概念。目的似乎不可实现，而承诺也不因结果是好是坏而动摇。每个项目都为涉及的不同人群创造了一次新的交谈。以孟加拉国的格莱珉乡村银行为例，其创立者声称，穷人是信用可靠的杰出企业家。这只不过是宣告了一种可能性，并开始了一场转变了借贷语境的、关于贫困的新交谈。

通过语境的这种改变，格莱珉银行的创立者穆罕默德·尤努斯（Muhammad Yunus）实际体现了麦克奈特的观察，即发展是基于天赋，而不是基于缺陷。

格莱珉银行也利用了社区和关联性的力量。尤努斯和他的银行创立了一些贷款人小组（他们称之为"支部"［chapters］），小组中的每个人接受一笔贷款的能力，取决于小组中其他人的还款情况。每笔还款的一部分拿去作为资金，用于向其他"支部"贷款和社区的福利。这些小组是基本的贷款单位，一个小组要找四名妇女。① 没有个人，只有小组。每个小组还需要作为一个更大社区的组成部分而运转，以便小组不会变得狭隘，而是仿佛团队的边界就是地球边缘那样行动。这就是大群体方法的本质。

对于每个贷款人小组，都有一组超出金钱范围之外的要求。她们有

---

① "五人小组"是格莱珉银行小额信贷项目的经典模式，要求每个贷款申请人在贷款之前寻找身边信用良好并且愿意贷款的四名妇女组成小组，组内设一名组长。——编辑注

责任为自己和别人创造一种成功的生活，这也呼应了科斯滕鲍姆对自由的理解，即自由和责任是一回事。

这一切导致了更大范围的好处，即创造了帕特南所说的社会资本。妇女参与企业家冒险，影响了她们的生活和她们的村庄的方方面面。最终，这还将影响一个民族。

这些行动原则的另一个实例是"家庭独立计划"（Family Independence Initiative，FII），它通过追踪由参与家庭自己报告的实力、天赋和主动性，帮助他们认识到自己能在少量帮助下创造什么。"家庭独立计划"为边缘化家庭自己取得的进步提供配套资金和支持。他们小心翼翼地避免给出建议，也避免觉得他们这些专业人士知道什么对一个家庭最有益。他们不开处方。这个方法奏效了。

就这样，在这篇简短的概要中，我们介绍了后文的集体转型方法的核心成分。整合这些洞见，给了我们某些关于社区转型的基本概念要素。继续阅读的理由，则是为了让这些观念具备更多的形式和深度，以及把它们应用到我们的世界，不管我们把世界界定到多大或是多小。

第 2 章 ｜ 为社区转变语境

能够修复社区的语境是可能性、慷慨和天赋的语境，而不是解决问题、恐惧和惩罚的语境。新的语境承认，我们具备一个不一样的未来所要求的全部能力、专业知识和资源。社区是由构建关联性的交谈来赋予形式的人类系统。构建关联性的交谈经常是通过社团生活发生，在此居民是出于选择而到场；很少发生在系统生活的语境中，在此居民是出于义务而到场。小组是转型的单位和归属体验的容器。聚焦于关于过去的故事的交谈，会成为社区的一个限制；而讲授寓言、聚焦未来的交谈，则会修复社区。

* * *

走向真正的社区需要语境的转变。语境所表达的，是我们赋予我们的集体努力的思维模式。它是一整套有时我们并未意识到的信念，决定着我们如何思考，我们如何构造这个世界，我们关注什么，以及随之我们如何行动。它有时被称作世界观（worldview）。当前的支配性语境是：我们生活在一个匮乏、竞争和个人主义的世界上。

匮乏意味着不管我们拥有多少，就是不够。无论需要什么，总是不够分配。竞争意味着这个世界天生是按等级排序,自上而下,一场零和博弈。个人主义意味着你只能靠自己。自求多福。它让我们相信,真的是龙生龙凤生凤。个人主义养育了这样一个神话:的确存在自给自足的个人。

这个现行的语境导致我们分析缺陷,界定需求与愿望之间的鸿沟,并以为我们需要制造出更多的程序、更多的衡量方法、更好的计划、更好的问题解法,以及更强大的领导力。

下面就是语境的某些转变,它们可能会发生在构建真正社区的运动之前:

* 我们是一个以可能性为特征的社区,不是一个以问题为特征的社区。
* 社区为了归属而存在,从其居民的天赋、慷慨和责任那里取得它的身份。定义它的根据,并不是它的恐惧、它的孤立或它对惩罚的偏好。
* 我们当前拥有为了结束不必要的苦难,并创造一个不一样的未来所需要的全部能力、专业知识、程序、领导者、规章和财富。

从根本上说,社区是一种相互依靠的人类体验,由居民自身之间的交谈赋予形态。历史、建筑、经济、基础建设和文化,都是任何社区的交谈和社会结构的产物。建筑环境和文化环境,则是我们如何选择走到一起的附带收益。

策略原则

转变语境,会促成关于建设社区策略的某些原则:

* **最重要的工作是构建社会结构,既是为了社区自身,也是为了实现居民中间经过选择的责任。** 当居民彼此关心时,他们就会彼此负责。关心和责任会创造出一个富有生产力的社区。这项工作是要设计出让居民(包括正式的领导者,因为他们也是居民)聚集到一起的方式,好让他们能够体验到克里斯托弗·亚历山大所论述的"活力的特质"。这只能通过高度注意我们聚集的方式而发生。

* **强健的社团生活是本质与核心。** 社团生活就是居民选择如何为了他们自己而构建连接,有时候是为了喝咖啡,有时候是为了一项共同的目的,比方说设置一个停车标志。这些有时偶然发生的遭遇,或者更为正规的集会,是转型的核心决定因素。在社团生活中,创造连接性会变得既是目的也是手段。已经确立的大系统,比如商业、政府、教育、健康医疗和社会服务,都很重要,但对于社区转型不是本质性的。而对于系统来说,构建关联性也主要是一项手段,其本身并不是目的。

* **居民用他们召集别人的力量创造一个不一样的未来。**"活力的特质"通过变革工作而发生,这些工作是由居民提供能量,就性质而言是有机的或自然出现的。居民的思想和行

动的转变，比机构和正式领导者的思想和行动的转变更加重要。这个观念与下列传统信念形成鲜明对照：更好的领导力、更多的程序、新的资金、新的规章和更多的监督是通往更好未来的途径。所有这些有时候都是必需的，但它们并没有力量创造根本性的转变。

* **小组是转型的单位。** 正是在小组聚集起来的结构中，一个不一样的未来才会创造出来。这也意味着我们必须暂时搁置我们对规模和速度的关切。规模、速度和实用性始终是维护现有体制的经典论据。归属的确可以通过我们在大群体中的成员身份而发生，但这种归属形式削弱了居民的力量。与其为了归属而放弃我们的身份，我们发现，小组中才有能够珍视我们的唯一性的一席之地。

* **一切转型都是语言的转型，这意味着我们可以在实质上把社区想象为一次交谈。** 这意味着，如果我们想要改变社区，我们所要做的仅仅是改变交谈。交谈的转变，是从谈论问题、恐惧和惩罚，到谈论可能性、慷慨和修复。这就是既创造强大的社会资本，又被社会资本所创造的新语境。

这些原则的首要意图是，创造在新的语境中运转的社区。语境显然作为个人的思维模式而发生，但它也作为集体世界观的一种形式而存在。社区是通过居民关于他们生活之地的、经常重复的那些信念，而获得一种语境。媒体是这个语境的一个传达者，但并不是创造者。

如果转型是语言的转型，那么社区建设需要我们参与一场新的交谈，一场我们此前没有进行过的交谈，一场可以创造一种活力和归属方面的体验的交谈。正是让居民参与一场交谈的做法，让我们能够一致行动，同样重要的是，让我们能够在居民之间创造出责任。

我使用交谈（conversation）这个词，是在一种宽泛的意义上，亦即——我们聆听、言说和彼此沟通意义的所有方式。所以，除了说和听之外，交谈的这种意义还包括我们的建筑物和公共空间的建筑设计，我们在聚到一起时占用和安排一个房间的方式，以及我们为艺术提供的空间。

无效语境：作为一个待解决问题的社区

要让我们的社区有所不同，我们首先必须命名现有的语境，并逐渐发展出一种思考方式，来引向产生新语境的新交谈。可以增加社会资本的，正是交谈的转变。我们聚集起来的每一次，都有潜力成为我们想要创造的未来的一个模型。如果你确实理解了这段话，你大概就用不着再往下读了。

我们现行的语境距离天赋、慷慨和责任的语境还有很远的距离。我们眼下拥有的支配性语境是缺陷、利益和索要心理（entitlement）的语境。从这个语境中发展出的信念是，社区的痛苦是一组需要解决的问题。

我们在讲述自己街区和城市的优点之后，总是喜欢详细阐述它们的问题。多年来，我们研究并报告了住房、健康医疗、环境、边缘少年、残障人、贫困、失业、公共教育、交通危机和毒品等问题。不仅学术机构研究这些问题，听众热线广播和调幅波段电台也煽风点火，后者充当了平台，任由主持人和民众争吵、辩论、抱怨谁对谁错以及谁需要改变。现如今，我们还有社交媒体这玩意儿。已经说得够多了。

我们对问题的喜爱，可远不限于抱怨、做出正确判断或是逃避责任所带来的单纯快乐。我们行动时秉持的核心信念是：只要解决更多的问题，就可以实现一个不一样的或更好的未来。我们相信，定义、分析和研究问题是让世界更美好的途径。这是西方文化支配性的思维模式。

这个语境——生活是一组要解决的问题——或许实质上限制了让未来不同于过去的任何机会。我们对问题的兴趣是如此强烈，以至于在某个时间点上，我们是从那些问题中获得我们的身份。没了它们，我们仿佛就要不知道作为一个社区的我们到底是谁。很多强有力的变革鼓吹者，只要他们渴望的变革发生过，他们就会丧失他们的身份感。

作为待解决的问题的社区，有某些裨益。它重视执行的能力，喜欢实干，在这方面比较坦诚，并且把切实的结果尊崇为终极恩赐。你可能会说，正是这让我们走到这么远。倒不是说这个（或其他任何）语境是错的，只不过它并没有力量给这个世界带来什么新东西。

要向某种其他语境转变，我们需要让自己脱离对问题的讨论。实现这个目标的一个途径是认识到，我们如今所说的问题，只不过是某种更深层次事物的征候而已。

比方说，我们所说的"城市问题"，实际上是社区崩溃的征候。论述环境问题的著名作者巴里·洛佩斯（Barry Lopez）生活在一个小镇上，那里的高中几年前遭遇了一次可怕的枪击事件。他后来写道，在各种各样的电视报道过后，支持和反对控枪的鼓吹者、悲痛咨询顾问（grief counselor）及青少年和公共教育专家都离开了那座小镇，居

34 民们可能要面对的现实是：枪击事件是那个社区的崩溃的征候——居民们创造一个不可能发生这种悲剧的地方的能力崩溃了。他的分析和我不谋而合。对于美国其他悲剧性的枪击事件，从桑迪胡克到萨瑟兰斯普林斯，从拉斯维加斯到奥兰多，从纽约到圣贝纳迪诺，可以同样如是说。

征候的限制

社区建设和发展的传统方法是创造计划、蓝图和资金，以维持我们的安全、我们的工作、我们的住所和健康。每个城市都有数以千计致力于为公共福祉服务的机构、计划和办事处。然而，在太多的街区和城市，每一个这样的机构都拒绝改变方阵。廉价住房、贫困、吸毒和肥胖正朝着错误的方向发展。从建设社区和社会资本的视角看，这些机构和计划都是在处理征候。安全、工作、住房以及诸如此类，都是社区的不协调、碎片化性质的征候——这就是洛佩斯所称的社区的崩溃。在由碎片化或崩溃创造的语境之中，解决这些征候的尝试无非是延续了这些征候。否则，为什么这么久以来我们一直在如此艰苦地致力解决这些征候呢？为什么即便有了那么多成功的计划，我们看到的根本性改变还是如此之少呢？

当我们从谈论社区的问题转变到谈论社区的崩溃时，改变就发生了。把这一挑战命名为"社区的崩溃"为修复开辟了道路。而坚持认为社区是一组待解决的问题，则只会将我们置于惩罚的掌控之下。

在社会的每一个层面，我们都生活在惩罚的景象里。支撑这种惩罚型社区的，是现代社区交谈的几个方面，我将在全书中加以阐述：推销恐惧和过错，偏重更多的法律和监督，痴迷于被浪漫化的领导层，将希望和可能性边缘化，以及把社团生活贬低到看不见的程度。

把我们的故事讲清楚

35

惩罚型社区的一种呈现形式，是我们对自己讲述以及相互讲述的关于我们是谁的故事。弄清楚故事的性质，对于认识现有语境的力量很重要，尤其在历史和过去似乎主要发挥抑制作用的那些地方。

讲故事在我们的生活中，也在社会上扮演了一个高贵的、具有历史意义的角色。故事可以为我们提供一个指引、教导我们的描述。对于我们认知自己是谁，它们至关重要；它们还提供了一种身份感。然而，有些故事也成了创造任何新事物的限制。维尔纳·艾哈德对此有过如此深刻的洞见。我们需要区分那些为我们的生活赋予意义并帮助我们找到自己声音的故事，与那些限制我们的可能性的故事。

> 在俄国，就连过去也难以捉摸。
>
> 作者不详

有益处也有意义的故事，应当作为隐喻、路标、寓言和灵感，最充分地表达我们的人性。它们是集体的教育型故事。譬如创造故事、智慧故事，有时候包括那些有着神话色彩的个人故事，即使它们讲述的是那个正坐在你旁边的人。

戏剧、电影、歌曲、文学和艺术是最高级的讲故事方式。人之为人的意义是什么，这些讲故事方式都是构造关乎此的一种个人感觉的媒介。而作为一个人和一个社区的意义是什么，艺术则是这方面故事的精髓部分。

也有一些其他类型的故事成了讲述的限制。限制性的故事是关于过去的个人版本。它们讲述的是我们从自己遭遇的事件中所得出的结论。

还有些限制性的故事则是详述或阐明，未来只不过是过去的一个稍有改变的延续——而故事也源自同一个过去。这种性质的故事让我们沦为事件甚或命运的牺牲品。

限制性的故事是作为真实的事件而自我呈现的，就仿佛事实。我们关于自己过去的故事的确真心诚意，然而仅仅是虚构。我们知道为真的，不过是我们被生下来了。我们可能确切知道，我们的父母、兄弟姐妹以及我们的剧本中的其他关键角色是谁。但是，我们对他们所有人的描述，我们向所有听众讲述的意义和记忆，都是我们的创造、编排、虚构。不过这其实是好消息，因为这意味着，一个新的故事可以在我们选择的任何时间杜撰出来。

社区也是这么回事。人们经常讲述的暴力、犯罪和不法勾当的故事同样是虚构的。事情可能发生过，但是，具体界定我们作为一个社区是谁的、关于这些事件的种种描述——比如去闹市区是不是安全，我们是不是需要新的领导者，这个地方的人是不是友好，我们在走上坡路还是下坡路——全是虚构。人们反反复复讲述这些故事，仿佛它们是确定无疑的事实，这种做法导致了针对一个不一样的未来的限制。

这就是为什么，治疗和康复实际上是以一种更宽厚的方式，重新铭记过去的过程。愿意承认我们故事的虚构性质，康复才能开始。这里也是修复的可能性之所在。

按照这样的方式，修复可以被视为一种意愿——愿意终结有关我们的社区和我们在社区中所处位置的当前故事，并愿意从中获取到力量。这将为一个新的集体故事的生成创造出机会。这是一个基于修复型社区的新故事。一个关于可能性、慷慨和责任的故事。

第 3 章 | 受困型社区

现有的社区语境，是一个推销恐惧、分派过错并崇拜自私自利的语境。这一语境支持的信念是，未来将因新的法律、更多的监督和更强大的领导力而得以改善。可能性思维和社团生活遭到边缘化，沦落为媒体上的人情味和边角故事。其社团模型被等价于现代性理想，经济则成了核心故事。受困型社区中的故事总把媒体的角色定义为辩论的定制者。在社区建设中，我们需要认识到，媒体报道仅仅是居民当前交谈的反映，而非其原因。

* * *

要创造一个新故事，我们首先需要适应当前的故事。一开始是要命名它。受困型社区的故事既可以在主流公共辩论中听到，也可以在我们互相之间的日常交谈中听到。重要的是懂得，每个故事中都有一个隐藏的议程。这个议程是一个要阐明的关键点，一个关于哪些事务重要的政治信念，不管日常事件如何变化，它始终如一。

推销恐惧和过错

受困型社区的最重要特征，是执意散布各种理由，要我们不得不感到害怕。这是一种广告，它利用了我们对暴力的恐惧，对城市核心区域的恐惧，对恐怖主义的恐惧，对非裔美国人及其他种族群体的恐惧，对移民的恐惧，对穷人或未受良好教育者的恐惧，对其他宗教的恐惧，以及对其他国家的恐惧。仿佛每一则本地晚间新闻的主打故事都在讲述犯罪和人类苦难，仿佛我们的城市在那一天别无所有，然后，我们还会听到在世界上某个其他地方，某人如何在人们曾经以为安全的场所遭到谋杀、炸弹袭击、死于非命，或是遭遇绑架。我们正听闻的，是对恐惧的推销。

为了这些故事，我们宁愿牺牲一个人的整体性和尊严，来捕捉瞬间的情绪或戏剧性。为了推销恐惧，往往把麦克风戳到某个刚刚遭受无法弥补的损失的人面前，问："你感觉如何？"这是为了利润而把苦难商业化。没什么复杂的。

> 当我还是白宫副发言人的时候，我们的信誉是如此糟糕，以至于我们都没法相信我们自己透漏的信息。
>
> 比尔·莫耶斯（Bill Moyers）

推销恐惧也不只是为了利润，它还抓住了一个政治议程。恐惧给惩罚议程，也给一段时间以来有所抬头的极端原教旨主义提供了借口。惩罚议程相信，一个正义社会和民众社会就该优先考虑约束、后果和控制，并强调规则的重要性。它被包装成了精神价值、家庭价值乃至"美国方式"——无论爱它还是离开它，全都得置于法律和秩序的保护伞下。它帮助建立了监禁产业和保安产业，它创造了一个平台使得当权的那些人得以推广他们的信仰体系，它还无视康复产业。恐惧构成了美国近年来外交政策的基础，推动了美国的很多立法。恐惧还提升了郊区生活的吸引力，成了反对多样性、包容性的一个微妙却清晰的论据。

* * *

除了推销恐惧之外，受困型社区还推销过错。每当有一场人类悲剧发生，大多数精力都被用来寻找责难的对象。这是一种对于责任的惩罚式追究，与此同时还得相应提防那些声称自己无辜的参与者。这种责难式推销所依赖的信念是，如果我们可以分派责难并找出原因，这对社会是有益的，还能以某种方式让我们放心，让我们相信悲剧再也不会发生了。我认为，这是一种非理性的思想。这里缺少了对人类事务复杂性的认识，缺少了对生活的悖论性和偶然性的承认。针对人类境况，并不存在任何保险政策。

由于执意紧盯着恐惧和过错不放，社区被困在这样一个语境中，它坚持以下信念：

* 我们是一个由需要解决的问题构成的社区。交谈的主宰者，是那些能够最清晰地表述这些问题的人，以及能够最清晰地表述解决办法的人。

* 未来由私利的相互作用来定义，依赖于领导者的责任感，并被少数有钱有势之人控制，这些人共同被归入我们所称的"他们"那一类。

* 社区行动的目标是，消除我们的恐惧之源。我们瞄准的是一系列的需求和匮乏。为了消除我们的恐惧并且回应人们的"过度需索"（neediness），我们更加卖力地去干我们一

直在干的事。我们锁闭街区，建造更多监狱，把容忍度降到零。我们要求更好的衡量手段，更多的专业知识，更充裕的经费，更出色的领导层，更加显著的结果，以及更多的保护。我们费尽心机更卖力地去干徒劳无功之事。

强化法律和监督

每当有什么事情出了差错，我们就幻想只要把有过错的一方找出来，某种立法或政策上的改变就会防止罪行或意外再次发生。我们迷信自己可以为未来立法，让道德听命。辛辛那提通过了一项法令，规定街头流浪汉要有执照才能向路人讨钱。立法的初衷是，要是我知道那个讨钱的人经过了鉴定并且得到了市政委员会的批准，我不知何故就能安心进城了。如今连行乞也专业化了。然而，这项法令并没有让更多的人在夜里进城。

通过更多法律的必然结果之一，是要求更多的监督。我们以为更多的监督会改善执行。但所有的证据都支持相反的结论，因为执行力最高的社区和组织都在很大程度上自我调节。对此，我最喜欢引用的一句话是"研究导致了老鼠患癌"（Research causes cancer in rats）。有理由认为，抱着减少的意图来加以监督之事，反而可能因为监督行动而增多。

受困型社区的政治议程声称，居民和雇员没有能力来监管自身和互相控制，唯有得到机制性授权与任命的、更加事无巨细的监督，才会建设社区并提供共同的福祉。它事实上是一个反对建设社区的论据。它最终让我们更加依赖于安全专家和专业化的控制。它为君主制提供了业务案例。需要有人来监视我。

浪漫化领导层

卡罗琳·舒尔希（Caroline Schurch）在负责一个有关转型的会议的后勤工作。她首先宣布："洗手间在走廊左边，午餐时间下午1:00，晚餐时间下午8:00，会议明天下午结束。跟我讲我能不能帮上什么忙，也跟我讲你母亲啥时候来接你！"

我们热爱自己身上的依赖习性并且接受惩罚的文化，原因是它强化了要求强有力的领导者的论据——"强有力"正是独裁的委婉说法，也是我们的文化越来越愿意同意的一个讯息。我们痴迷于自己的领导者。无论在公共场合还是私下，我们没完没了地谈论领导者的兴衰沉浮。这一态度支撑的议程是：领导者是因，其他一切都是果。唯有领导者的所作所为才有意义。领导者是建设一个更好社区的杠杆点。他们在台前，而居民、追随者、参与者以及其他不在领导岗位上的任何人都在幕后。这是一个根深蒂固的家长制议程，正是这种对领导者的热爱限制了我们创造一个不一样的未来的能力。它主张，世界上真正的责任仅仅位于顶层。只有他们这些人才值得谈及。

认同这种领导观的效应体现在，它能让居民摆脱麻烦，并培养居民的依赖性和索要心理。它阻碍了一种人人对自己社区负责的文化的发展。对领导者的关注能够提供好借口，这给了我们归咎的对象，还能由此宣布自己清白无辜。它以其特有的方式强化了个人主义，它把我们置于被动等待金子发光、希望一个伟大个体为黑暗之地带来光明的立场上。钦佩伟大的领导者甚至老板并且受到他们的启迪，都情有可原，但我们需要抵制这样一个推断：他们能够让与我们休戚相关的境况发生改变。在创造更好境况的工作中，我们每个人都有自己的一小部分责任。要是我们把这份责任转移到一个领导者身上，权力就会被滥用，失望就不可避免。

这里缺失或者遭到摒弃是社区建设的洞见，它们涉及群体如何运作，涉及关联性的力量，还涉及普通人走到一起时会发生什么。我们将社群的可能性看成不值得重视的又一次聚会，认为那不过是瞎子给瞎子引路，愚夫愚妇聚到一起大发谬论，或者打着"对权力说出真相"的幌子开诉苦大会而已。

顺便说一句，低估居民力量的某些理由有充分的根据，大多数时候，居民们聚到一起也无济于事。那是因为，他们行事时恰恰秉持着我尝试在这一节里描述的惩罚原则。他们不过是想要界定问题，找出过错，阐述恐惧，要求采取管制型的行动，并且指向领导者。很多居民仅当自己义愤填膺时才参与社群活动。

如果居民们一直沿用这种传统的参与方式，那么再多的参与也不会带来改变。我们当前聚到一起的方式没有转型的力量。这正是亟须改变的，因为如果我们不改变居民走到一起的方式，如果我们不改变自己聚集成群的语境，也不改变我们集会的方法，那么我们就注定只能不断等待伟大的领导者，我们就永远不能运用好我们手中的力量，不能尽到我们的一己之责。

边缘化可能性

主流语境重视的是匮乏、领导力、个人主义、恐惧和过错，因此任何积极的或有希望的事物都会变得反常——变成一个例外，一次意外事件。选择可能性，就意味着我们必须勇敢直面犬儒主义。新闻报道、公共服务、惩治改造和公共安全这些职业，声称它们的犬儒主义根源于对社会阴暗面的不断接触和熟悉。这是对事实的无视，因为选择去看什么，决定了会看到什么。他们判定适合发表的新闻全都在讲述各种问题，于是你也只能接收到这些新闻。在惩罚型文化中，犬儒主义乃是常态，并成为头条新闻。犬儒主义捍卫了惩罚。惩罚又因犬儒主义而愈演愈烈。

在这种语境中，可能性和愿景只会埋没在新闻的犄角旮旯里，或者沦为主持人结束播报时一句轻飘飘的赞许。可能性和信仰被视为威胁，因为它们是对犬儒主义的控诉。所以，当居民们想方设法利用他们的天赋，致力于某件被认为不可能的事情，或者为世界带来信仰和感激之时，绝非意外的是，故事总会被简化成一个富有"人情味"的片段——成了每当谈及改变我们的语境时的死亡之吻。很多记者甚至并不认为这些故事算是新闻报道。

贴上"人情味"的标签之后，可能性便没有资格成为新闻。它沦为了令人愉悦的消遣，成了安抚我们情绪的某种玩意儿。可能性及支撑它的信仰，可能是对于个人的强有力宣示，但对集体来说，它们却遭到了阉割，仅仅被当作吸引人的东西来对待。主流新闻报道把我们当成被动的旁观者，这个行业认为自己的角色便是对权力说出真相。它崇拜的是耸人听闻的和悲剧性的事件。流血事件才能上头条。这正在令这个行业丧失自己的读者。尤其是因为今天的每位个体都成了媒体人。我们需要支持的新闻业，应当致力于真正奏效的事业。不妨想想"方案新闻网络"（Solutions Journalism Network）、公民新闻运动（the citizen journalism movement）、卡尔加里的NewScoop、《科尔贝时报》（*Kolbe Times*）。这些是思想转变的蛛丝马迹。

可能性还由于跟乐观主义混为一谈而受到削弱。即使当领导者谈到我们社区的可能性时，在受困型社区中我们也只会把那当成一次励志演讲，一种宣传腔调，一种鼓吹自助的主旨发言——为的是哄我们开心并让我们的精神挣脱我们所说的现实。然而可能性并不是一个预言或一个目标；它是一个选择，为的是把某种品质带入我们的生活。乐观主义是关于未来的预言，没有任何力量。悲观主义同样毫不相干。

可能性遭到边缘化的途径，也凸显了语境的重要性。一切不能证明流行思维模式的东西都会遭到边缘化和低幼化。这就是为什么，如果你想创造一个不一样的未来，你就必须转变语境，因为一切与当前语境相悖的东西都会遭到丢弃。我们需要转变的是人们眼中的"现实"。例如，倘若我们把媒体视为我们现状的反映，并且转而主要收听那些促进学习和可能性、记录非凡事迹、报道一种不同的议程并称之为"新的现实"的媒体，那将会怎样？长期担任夏威夷州参议员的莱斯·井原（Les Ihara）说，需要的是"报道新闻的人转变立场"。

贬低社团生活

约翰·麦克奈特研究社区凡三十年，他发现，建设社区的最有力方法是他所说的"社团生活"，这包含居民一起做有益的工作并且服务于公共利益的大量方式。不管在俱乐部、非正式集会、特定事件中，还是寻常在大街上或早餐场合，邻里间的接触都构成了一种无法计量、难以觉察的黏合和连接，让优良社区有效运转。

受困型社区基本上都贬低社团生活，而与之相反地看重甚至赞美"系统"生活，尤其是私营部门和公司的思维模式。这一语境是如此无处不在，以至于我们已视若无睹。尽管人们越来越认识到这一思维模式的代价（参见大卫·科尔顿［David Korten］的作品，已收录于本书末尾），我们仍然假装相信，对企业有利的东西也一定有利于国家。

社团生活是构建社会结构的场合。下面则是我们用来贬低社团生活的几种方式：

* **依据传统的衡量方法，社区的唯一真正指标是经济上的繁荣。**我们追逐美国梦，追逐铺满黄金的街道。唯一够得上新闻的好消息是丰田公司决定在我们镇上建造一家工厂。因为运动队在理论上对经济有利，社区也就会找理由花无数金钱来养活这些队伍。创造就业是我们大多数错误的最后托辞，当我们毁灭街区经济时尤其如此。我们衡量街区和人的标准，是它们的平均年收入。

44

* **我们把那些服务于公共利益的社会服务和机构命名为"非营利"。**"非营利"意味着，界定服务和慷慨的是它们之外的其他东西。在服务和关心社区的选择上，这样做会确立哪种身份和声誉呢？你能想象，用其他人的名字来做自我

介绍吗？"哈喽，我的名字不叫艾丽丝。""好吧，我想让你见见我的朋友，他不是罗杰。"这里边没有身份。我们下次见面时还是什么都记不住也认不出。有人提议把它称为"公益"（public benefit）部门。这倒不是什么坏事。

* **不断施压要求社团更加法人化**：要合并，要变得更高效，要接受外部监督，要更严格衡量，要接受更多的计量。这些都是私营部门的核心价值。这种做法的一个自然结果是，许多原本为了社区服务而存在的基金会，都把公司当成了自己的客户。在慈善界，你也会听到人们谈论自己的"社会投资回报"。我们在谈论慷慨大方时，使用的却是商业语言。

* **公益部门只有出现丑闻时才会占据头条新闻。**一家大机构的头儿把经费花在豪华轿车和高端生活上，会在头版头条待上好几天。而同一家机构在一出悲剧中救危解困，或是帮助人们的生活好转，这样的故事充其量就能露个面。

* **我们在边缘化公共交谈中的同情心。**这里有一个例子：为了缔造城市的形象和福祉，"到辛辛那提去"活动在有轨电车、住房建设和吸引新企业方面忙碌不停。它卖力地宣传这座城市的实力，包括艺术、娱乐和运动方面的吸引力。对于一座城市的有效运转，这些都是好东西，也必不可少。但这样的交谈和推销中遭到忽视的，是一座城市的同情心。一个街区有大量社会服务只会被视为弱点，而非卖点。他们的理由是，如果人们需要帮助，如果他们易受伤害、陷

入危机，那么大家都要承担责任。于是，为这些人服务的慷慨就成了负资产，自然不被提及。

强化自利和孤立

我们谈论自己社区的方式，以及我们反复讲述的有关自己社区的故事，这些维度合力创造了一种孤岛心态。在恐惧、过错及其他玩意儿的围攻之下，人们和机构建起了一道高墙把自己围起来，主要关心自身的利益和生存。这样一来，社区中的各个部门——商业、教育、政府、社会服务、健康医疗——都专注于各自的事务，以至于那些选择致力于整体福祉的人们难以获得立足之地。

此外，这些机构的存在理由也因为居民们的表现而风助火威。居民大多是在自家后院起火时才会参与进来。他们仅当自己也愤怒时才出现在公共集会上，而且只有本地的、左邻右舍的利益才能让他们振奋起来。

总而言之，惩罚的语境以及从中生发出的故事，使得我们建设社区的尝试事实上反而导致社区并无改变。我们应对贫困、暴力、无家可归和犬儒主义这些征候的惩罚型方法，虽说并非这些征候的制造者，但的确妨碍了它们的改变。惩罚顺理成章地起到了令社区碎片化并减少社会资本的效果。副作用还包括，每个居民对社区福祉的责任也减少了。在惩罚型的语境当中，责任退缩、社会资本消减恰恰成了我们改善社区的努力本身的直接结果。大多数情况下，这都是作为一种非计划后果发生的，因为没有人把碎片化的社区当成目标。

46 媒体

在受困型社区中，媒体原本是语境的关键信使，但它也学居民的样，靠呼吁惩罚谋取生计。对于我们最显而易见的公共交谈，是我们居民想要听到的内容与媒体发布的报道之间的互动。但仅仅责怪媒体看重娱乐超过新闻，兜售恐惧和问题却无视慷慨和可能性，未免太过容易。更有益的是认识到，媒体只是我们作为居民的现状的一个反映。

对于新闻而言，最有益的是将它理解为关于什么东西有新闻价值的日常决定。这种力量远不止于单纯向我们传达消息。每个故事中的议程界定了什么东西重要，而通过这样做，这些议程会促进社区的认同。

> 当然，问题在于，爸爸眼里的世界只有黑和白。至于什么是黑，什么是白，全由他说了算。
>
> 卡勒德·胡赛尼：《追风筝的人》（Khaled Hosseini, *The Kite Runner*）

这意味着，媒体的真正重要性并不在于围绕报道内容的品质、平衡甚或准确性的典型辩论。这些总是因频道、网络、报纸和网站而异。它们的差异，取决于有无资源调查清楚事件的整个来龙去脉，材料来源所瞄准的细分市场，以及媒体的编辑日程。最重要也最具有界定性的力量，是媒体决定什么东西值得谈论的权力。正如英国报业先驱诺思克利夫（Northcliffe）勋爵曾经说过的："新闻是某个地方的某个人想要阻止发布的信息，余下的全是广告。"

媒体的权力也就是确定公共辩论的权力。或者换言之，是确定"现实"的权力。无论主流媒体还是线上媒体都如此。

此外，媒体领域也出现了新玩家。互联网、社交网络、博客空间入侵了我们曾经称为新闻的世界。虽然传统媒体仍在界定着故事的范围，但故事的质地和色彩已来自四面八方，Twitter、Instagram 和 Facebook 这类最强大的社交媒体玩家，更将惩罚、责难和指控推向了极端。技术常常被抬举成未来的答案，但在这一点上，它充其量只是充实了主导性的故事。

关键在于：居民有能力改变社区故事，有能力收回关于值得谈论的内容的决定权，也有能力创生出一种新的语境。我们当中那些为社区交谈创造出当前主流语境的人，也促成了培育惩罚型语境和惩罚型社区的种种条件。如果我们不选择改变这个语境以及由其导致的策略，我们就不能为我们的机构、街区和城镇带来任何新的结果。

第 4 章 ｜ 修复型社区

　　修复，来自选择重视可能性和关联性，胜于重视问题、需求、自利以及受困型社区的其他议程。它取决于居民所选择的责任，以及围绕自己的相互承诺而彼此连接的意愿。

　　创造修复的，是我们相互共同发起的各种交谈。这些交谈是一个不一样的未来的杠杆点。构成每次交谈之根基的核心问题都是："我们能一起创造什么？"从惩罚向修复的语境转变，将通过如下方向的用语变化而发生：从问题转到可能性；从恐惧和过错转到天赋、慷慨和丰裕；从法律和监督转到社会资本和主动选择的责任；从法人和系统主导，转到以社团生活为中心；以及从领导者转到居民。

＊ ＊ ＊

　　一种修复型的体验、关联或社区总会产生新能量，而非导致我们裹足不前，这与惩罚的孤立效应形成了鲜明对照。修复也牵涉到克里斯托弗·亚历山大所说的活力和整体性的特质。这种特质不仅存在于他所提到的人工制品、建筑和空间中，还存在于我们选择创造的集会和交谈里。我们面对的能源危机不仅涉及化石燃料,更多涉及我们的交谈方式——包括公共交谈以及我们在更私密场景的聚谈——经常制造出的僵化体验。

激活修复型社区的,是连接、关联性和归属的语言,这里的言谈绝无尴尬之意。它认识到,承担自己在造成当前形势中的那部分责任,是兑现勇气和承诺的决定性举动,未来正是围绕这根轴旋转。建设修复型社区的本质不是经济繁荣、政治辩论或领导层的能力,而是居民的意愿——是否愿意承认自己在当前情境中的贡献或作用,是否愿意谦卑,是否愿意承担责任,是否愿意相信自己为创造不一样的未来而许下可靠承诺的能力。

这一切都很重要,因为实现我们追寻的目标,取决于责任问题。问谁会负责,也就是问谁会挺身而出担当使命。转型寄托于谁人之手?并非偶然的是,美国比世界上其他任何国家有更多的人被关在看守所和监狱里。我们被惩罚型的思维模式所主导,当苦难发生时考虑的无非是后果、树典型和分派罪责。这些是一种帝国文化的惯常表现,恐惧养育了它。惩罚性的文化主张增加责任,然而实际上它们不可能做到。责任始终是一种选择,是无人旁观时的独立选择。凭借手铐可做不了这个。

这意味着,社区修复的本质方面,是一种每个居民选择负起责任而非享受权利的语境。这把责任(accountability)这个词的常见用法颠倒了过来。它经常被理解为一个负担,是未来义务的一个基础。并不总是如此。

责任是关心整体的意愿,它源于我们围绕新故事——我们想要从中获得自己的身份——的那种交谈。它意味着我们的交谈是关于我们能够做什么来创造未来。而索要权利的那类交谈，则是关于别人能够或需要做什么来为我们创造未来。

当我们把社区想象为一种可能性，一种对我们选择拥有的未来的宣告，修复便开始了。社区可能性这个观念截然不同于我们通常所说的个人可能性。社区不只是个人渴求、愿望或可能性的简单集合。社区可能性有自己的样貌，以及自己的动力、需要和杠杆点。在我们生活的个人主义世界里，我们可以集合起一大帮自我实现的人，但依然无法获得社区的观念或体验。

社区可能性的旋转轴心是"我们能一起创造什么"这个问题。这个可能性自然出现于我们在一起时创造的社会空间。我们工作时身处的那种文化的性质塑造了它，但并不控制它。"我们能一起创造什么"这个问题位于可能性和责任感的交叉点。没有责任感的可能性会导致一厢情愿。而没有可能性的责任感的创造物会超出我们的现状，最终却会转向绝望，因为即使我们知道自己正在创造我们寄身的今日世界，我们也无力想象，它跟引领我们至此的过去有什么不同。

实例：克莱蒙咨询中心

特里西娅·伯克（Tricia Burke）是克莱蒙咨询中心的主管。她完全懂得给人贴标签和归类的毁灭性力量。在这样一个"标签行业"，这种领导者可不多见。她有一项计划针对的是虐待关系中的女性，她们是家庭暴力的幸存者。她把这项计划叫作"价值女性"（Women of Worth）。这名字有什么含义……应有尽有。

咨询中心还运营一个心理健康场所。这个中心用实例体现了本书讨论的自由、选择、转型语言和小群体归属等大多数要素。心理健康计划中的客户，曾被贴上偏执型精神分裂症患者、双相障碍患者、妄想症患者和有"州立收养院"（state hospital）① 住院史者等标签。中心要想就其服务向美国联邦医疗补助部门开账单，服务就必须"在医学上是必要的"。这意味着，中心需要证明每个客户的疾病，还得将中心的所有服务都医学化，才能报销账单。

在特里西娅和她的团队看来，很多最有效的治疗措施并不是由真正的医学干预行动实现的。最有效的治疗方法经常是，参与计划的人设法在自己所做的事情中发现乐趣，并且感觉到跟自己相似的其他人的支持在拥抱和环绕自己。从中累积的归属感具有媲美传统治疗方法的效力。但在联邦医疗补助部门的眼里，这些事情不是合理正当的项目活动。要想让联邦医疗补助部门继续提供资金，中心就得确定一种疾病并且安到每个人的头上。

尽管如此，特里西娅和她的团队还是决定以戏剧性的方式改变克莱蒙中心的交谈。他们放弃了针对他们的"部分住院日间治疗"（partial hospital day treatment）项目的联邦医疗补助，转而让客户自己来负责日间项目。团队被重新分派到其他项目。在这个过程中，特里西娅让传递给客户的信息从聚焦于他们的负累，改变为聚焦于他们的可能性。对于成员——不再是患者——来说，组织性的问题成了"你喜欢做什么？"和"你想如何度过每一天？"传统的医院体验仍旧维持，但这些问题成了指导康复过程的组织性原则。

---

① 美国的弱智教养机构，即所谓"公立寄宿设施"（Public Residential Facilities）。更加常用的叫法是发展中心（developmental center）。——编辑注

接下来的策略，是把成员当成有能力来设计和安排他们自己的大量时间。"凤凰苑"（Phoenix Place）——这是成员们为这项努力选择的新名称——变成了一个由成员控制的自我管理项目。只有一个领取薪金的团队成员，即这个项目的主管金·汉斯莱（Kim Hensley），而很多的管理和项目决策都交到了成员的手里。

在第一年，成员们针对"我们能一起创造什么？"这个问题想出了很多颇具独创性的回答。例如：

* 他们自己组建并推选了一个执行委员会。
* 他们组织了一次保健活动。
* 他们志愿为一个动物收容所提供了服务。
* 他们想要旅行，于是决定开一家小吃店来挣钱。
* 当"凤凰苑"得到一笔拨款，在五个县向其他精神病患者开展用药教育时，成员们自己提供了这项服务。
* 当俄亥俄州议员受邀访问这家机构时，成员们要求与他们会谈，以便说明：有精神疾病的人并不等同于他们的疾病，他们要比自己的疾病丰富得多。
* 他们不再害怕谈论他们的生活，他们走出了密室。
* 这个群体还开始参与培训警察，内容是精神疾病的特性，例如——听到人声是什么感觉。他们教警察如何接近出了意外的人，以及使用什么样的语言。
* 他们开始了一个记日志的过程，他们称之为 WildSpirits（不羁的精灵），以此表达身在绝望的黑洞中以及寻找出路是什

么感觉，并且通过描写希望、感激和爱来表现他们的康复。

在"凤凰苑"的第一年年末，成员们为自己创造的成果感到自豪；他们有了活可干，还重新获得了他们在外面社会里失去的某些角色。最重要的是，他们重新开始对自己的未来怀有了希望和梦想。

最后，他们发展到"凤凰苑"的小房子已不能容纳，于是他们着手为了一座更大的房子而挣钱，路子则是在红人棒球队和孟加拉虎美式足球队比赛时经营特许小卖部——几年后，他们梦想成真。当大功告成时，他们还写了一份拨款申请案，为的是拍视频讲述自己的故事。

当然，"凤凰苑"以及其他类似案例的故事里，并不全是成功和胜利。特里西娅说，整个过程中，要用耐心和鼓励来帮助"凤凰苑"成员转变想法，相信他们能够管理他们自己的项目。刚开始，他们很生气，觉得自己被抛弃了。他们甚至向中心示威抗议。帮助他们摆脱依赖是很困难的事。

这里是我尤其喜欢的一个场景：作为一项积极心理学计划的组成部分，有个练习是要求个人完成一份关于其力量的问卷调查。成员们注意到，这是他们平生第一次在参与的测试中拿到了积极的结果。

从患者向居民转变始终很难——不仅仅是对那些被贴上标签的人，对我们所有人都是如此。轨迹也不会总是顺畅。例如，"凤凰苑"的第一位主管的离去导致了焦虑和担忧。由成员领导的执行委员会也开始表现得高高在上、有控制欲和任意评判，而社区的某些精神也减弱了。换句话说，委员会开始像最传统的执行委员会那样运转。最终，这个中心及其激进价值被并入了一家更传统的服务机构。这凸显了优势语境的力量。

虽然"凤凰苑"落幕了，但它的成果以及它对于涉及的人们的意义丝毫不会失色。对我们每个人来说，重要的是我们从这个实例中得出什么结论，这也正是语境的核心问题：无论我们的结论是什么，总结权都在我们自己。

54　修复式司法①的经验

"凤凰苑"向我们强有力示范了一个修复型社区的可能样貌。当我说"修复"时，我不是在谈论回到从前的某个时间，修补一幢旧建筑，或者试图再现我们认为曾经存在过的一种文化。修复指的是治疗我们的创伤——就社区而言，是治疗我们的碎片化和缺乏教养。只有通过这样的治疗，某种新事物才能自然出现。

有一段时间，我曾被刑事司法系统使用修复的方式吸引，我是从巴里·斯图尔特（Barry Stuart）、李·拉什（Lee Rush）及发起"修复式司法运动"的其他人那里听到这个的。他们赋予了修复一个强有力的结构，并在最意想不到的地方加以践行。在刑事司法系统中，修复的意图是要为犯罪分子和受害人提供一条更具和解性的途径。这成了受害人可以选择，并得到罪犯同意的一个选项。它还让社区有了发言权，因为罪

---

① 修复式司法（restorative justice），也称"理性司法""积极司法""社区司法"等，美国学者兰迪·巴尼特于20世纪70年代最早使用这一术语。1990年美国霍华德·泽尔教授指出，修复性司法更加重视犯罪行为造成的损害，而不是抽象的法律，被害人、犯罪人和社区是关注的重心。——编辑注

行同样会伤害社区。

修复需要几个步骤。它们全都在一次会面中实现。罪犯要承认罪行，罪犯、受害人及各自的家人商谈罪行给所有人的生活造成的代价和损失，罪犯为罪行道歉，罪犯承诺不会再犯，然后罪犯还得同意对造成的损失给予某种形式的赔偿。

最后，受害人及其家人决定要不要原谅罪犯并接受赔偿。如果他们决定原谅，那么社区代表就可以参与决定是否允许罪犯重获自由并回归社区。如果受害人及其家人决定不原谅，那么罪犯就要接受常规的刑事司法审判。在全球范围内，修复式司法类似于南非真相与和解委员会的实践。

这些步骤包含很多的社区建设成分。我们这里关注的，主要不是方法论，而更多是这些运动提供给我们的语境和精神。它们显示，惩罚之外的选项不仅可能，而且已在世界上发挥作用。这种修复精神向我们的社区预示了一个不一样的未来。

作为交谈的社区

当我们理解了语言的重要性，社区修复的观念就变得具体有形了。这样一来我们就能认识到，语言或交谈正是使得创造一个不一样的未来成为可能的行动步骤。简言之，我们可以开始把我们的社区想象为彻头彻尾的一次交谈。如果我们能接受"一切真正的改变都是叙事的转变"——这是与广为接受的主流故事不同的一个新故事——这个观念，那么居民身份或领导身份的作用就是促使一种新的叙事产生。叙事的开端需要借助大量的交谈。为了取得最大效果,我们需要的是跟那些我们不常交流的人们的新交谈。

每个社区都有自己的建筑、领导者、学校和景观,但我们不妨暂且说,并不是它们让一个社区独一无二或是确定了社区的认同。相反,我们在此明确宣布:一个社区为自己提供新的可能性的那个方面,仅仅是居民们彼此之间选择进行的交谈。世界级的邻里问题专家简·雅各布斯(Jane Jacobs)深知这一点。当有人问她,她认为俄勒冈州的波特兰为什么在创造一个宜居的社区上如此成功,她说,波特兰唯一独特的地方是:"波特兰人热爱波特兰。"用我们这里的术语说,正是波特兰人彼此之间关于本城的交谈发挥了作用。

因此,如果我们谈及自己城市或集镇——比如我居住的辛辛那提——的改变或转型,我们指的是正在那座城镇发生的交谈。而我们之所以强调社区成员之间的交谈,不是因为它反映了全景,而是因为它是图景中最容易改变的部分。

这意味着,要让这里说的不一样的未来具体成形,我们需要认识到,我们获得自身的认同只有一个有力的根据,那或许就是我们讲述的关于自身的故事以及我们集体相处的方式。当我们懂得,我们交谈的性质、结构和力量本身就确定了我们的福祉,我们便开始了修复的过程。

于是,一个社区的未来,就取决于选择的是惩罚性交谈(待解决的问题),还是修复性交谈(待实现的可能性)。修复是一种可能性,通过选择那种类型的交谈而产生。有了这种交谈,修复就会变得真实和具体,因为一旦我们宣布了一个可能性,而且是带着一种归属感、当着其他人的面宣布,那种可能性就已经进入了房间,也由此进入了机构,进入了社区。

这里的关键短语是"当着其他人的面"。当一个可能性得到公开宣布,并得到与我们有共同利益的其他人亲闻和见证,又恰逢某事岌岌可危的时刻,此时这个可能性就是社区转型的决定性要素。这种公共交谈将创造一种更广泛的关联性,并超越简单的个体转型。在信仰领域,这类似于所谓的"见证"(bearing witness)。我们把它带入了世俗的实践。围绕可能性的交谈进入公开层面之后,并不总是有修复的功能,但没了它们,个人和私下围绕可能性的交谈就不会有政治传播力,也因此不会有公共性的力量。

转变

总结一下到此为止的本书线索,我们的交谈和集会拥有使语境从惩罚型社区向修复型社区转变的力量。这是通过推动我们实现以下转向的问题和对话发生的:

* 从关于问题的交谈,转到关于可能性的交谈
* 从关于恐惧和过错的交谈,转到关于天赋、慷慨和丰裕的交谈
* 从押注于法律和监督,转到偏重于社会结构的建设和主动选择的责任
* 从把法人和系统视为改变的中心,转到把社团生活视为中心
* 从聚焦于领导者,转到聚焦于居民

这些转变的共同点是,从中心主义和个人主义,转向集体主义和相互依靠的社区主义。这一转变对我们的社区有重大影响。它提出让政治

回到公共服务，并恢复我们对领导层的信任。它推动我们从信任专业人士和权威人士，转到信任我们的左邻右舍。它把我们带入一个好客的语境，在这样的语境里，我们欢迎陌生人，而不是认为我们必须保护自己免受他们的侵害。它改变了我们的思维模式，从重视效率转到重视归属。它帮助我们丢掉了把自身孤立看成现代生活必然结果的偏好，并推动我们朝向责任和居民身份迈进。

第5章 ｜ 收回我们的投射

当居民自己来选择他们运作的语境时，他们就会变得强有力。这种选择很困难，因为我们寻求更替的是当前文化的普遍认识。选择我们自己的语境用语，而不是紧跟主流文化的用语，这样就能把选择权放到我们自己手里。它承认，我们的思维模式甚至我们的世界观都是主观性的，因此易于改变。这样做会有代价，亦即——我们会遭受怀疑，有时还有孤独。这是一条先驱者的道路。

为了选择有助于确立居民身份的语境，我们首先需要理解集体投射的观念。投射（projection）是把我们自己内心不能接受的特征转移到别人身上的行为。它的表现方式是，我们给别人贴标签，然后围绕这个标签构建诊断类别和整体表达。不再投射和贴标签，这一转变将为界定我们所说的真正的居民身份提供基础——这意味着我们要自己对更大社群的福祉负起责任，还要选择拥有并且行使集体的力量，而不是把它托付或委派给别人。

* * *

本章讲述的是从惩罚到修复的语境转变的一条思路。我们首先要更深入地理解，选择不仅对我们自己而且对整个世界负责，意味着什么。惩罚型语境不能改善它试图疗愈的境况的原因在于，它虽然大量谈论责任，却不加以具体化。惩罚本身的语境实际上是在不断地反对责任。每当我期望看见"那些人"的改变，就会出现这种情况。"那些人"可能是导师、高层管理者、市长、移民、贫民——这份清单没有穷尽。我为"他们的"转型想方设法，然而其实是把他们当成我们麻烦的起因。我是在表达这样一个信念，如果"那些人"发生变化，我们的组织、我们的社区就会更好。

推销恐惧和过错，以及我们对领导层的热爱，就有着这样的吸引力。它是一种寻求控制的方式，借助的是这样一个信念，即问题都出在其他某个事物或某个人身上，要想有任何根本性的好转，就需要另外某个人来做某件不同的事情。其中的要害是，作为主导性叙事的讲述者，我们相信自己知道，那件不同的事情是什么。这就是我们大多数公共交谈的殖民属性。在更大的范围，正是它驱使英国脱离了欧盟。正是它想要建一道墙把陌生人挡在外面。它也正是我母亲生她兄弟的气整整 40 年的原因。

要更深入地研究语境的这种转变，我们需要聚焦于文化与语境之间的区别。普遍的认识是，转变需要一次文化变革。我在这里谈的是语境，而非文化。我使用语境（context）这个单词而非文化（culture）的理由，是要把我们的立场设想为一个选择问题。文化是一组共享的价值，从经验的历史以及由此产生的故事中自然出现。正是过去，赋予了我们身份，并为了保持这个身份而约束我们的行为。语境则是我们看见世界的方式。看见世界，而不是记住世界。

我们的传统认识是，我们的世界观建立在历史、事件和证据的基础之上；这一模式被视为事实，并具有决定性。它被叫成事实，却只是一种集体记忆，我敢在光天化日下冒昧地称之为虚构。如果我们称为语境的对象是事实，那么它就不容易转型。

　　如果语境是必然发生的并且基于事实，那么，我们注定要生活在恐惧中。一直有人向我们推销恐惧课程，于是我们逐渐开始认为，恐惧的语境有正当理由，而且有根有据。事实上，恐惧的起落沉浮有多种原因，远不只是过往经历的影响。如果我们愿意接受这样的想法，即恐惧是我们文化中的家长制成分的课程，那么我们就能懂得，盛行的恐惧交谈不仅是对事实的回应，而且同等是市场营销和产品宣传的结果。例如在公共安全领域，犯罪率与人们对危险的态度之间没有多大关系。有证据表明，20世纪90年代末美国很多重要城市的多种犯罪都有所下降，并在低水平上维持至今。但尽管犯罪率下降，公众对犯罪的恐惧却上升了。为什么？因为在犯罪率下降的同时，对犯罪的报道却在增加。所以，我们恐惧的决定性因素还部分在于惩罚议程，这导致不断去报道这个世界多么危险，以及更重要的，导致我们选择相信这样的故事。

　　要点在于：在惩罚型语境中，我们假装恐惧、过错、对领导者的依赖、犬儒主义以及对社团生活的漠视都有根有据。如果我们致力于一个不同于过去的未来，我们就会把它们当成一个选择问题，于是我们就会把这种思路叫作语境，而非文化。

投射和贴标签

　　如果说"恐惧—惩罚"的循环是一个选择问题，而非文化的必然结果,那么我们不得不面对的事实是,选择接受一个看法必定意味着它会给我们提供报偿。

相信我们城市中的问题和痛苦是现代生活和文化的必然产物,这样做的报偿之一是,它会让我们摆脱困境。当我们相信问题出在别人身上,并且正是这些别人需要改变的那一刻,报偿就开始了。我们把事实上我们自己身上比他们身上还要多的特定品质,转移或分派给别人。这就被称作投射,我们大多数人都十分熟悉这个观念。我在这里讨论它的原因是,如果我们不收回我们的投射,一种新的语境和交谈就根本不可能发生。我们的投射的本质是,它把对一个不一样的未来的责任放到了别人身上。这就是刻板印象、偏见和我们大家都熟悉的一大把"主义"的报偿。正是这制造了"别人"。回报是,它让我们摆脱了压力。它是一次深受欢迎的逃离——逃离我们的自由。我们把自己身上无法承受的品质或失望投射到领导者的身上。我们把自己身上无法接纳的那些方面投射到陌生人、受伤害者、敌人的身上。

> "你摁下我的按钮了。""我知道,但我并没有安装这些按钮。"
>
> (译者注:英语习语中,"摁下某人的按钮"有"惹怒某人"的意思。)
> 作者不详

投射拒绝承认的一个事实是,我对"别人"的看法是我自己的创造,这在我们如何看待我们的社区及社区中的人方面尤其真切。最简单地说,我如何看待别人,是我如何看待自己的一个延伸或翻版。这一洞见也是负起责任的本质。负起责任,就是面对世界上存在的一切,包括我自身存在的光明和黑暗角落,作为其主人翁和创造者而采取行动。它是我们在面对世界呈现给我们的一切时,专注于自己能够做什么的意愿。责任既不投射也不拒绝;责任就是看见存在于其中的全貌,哪怕并不那么美好的景象的意愿。

在针对个人的投射心理学方面，我们通常都熟悉这些观念，这里的要点是：投射在行业、机构和社区层面上，同样在更广泛地发挥作用。

就以贫困为例。当我们看见低收入人群时，我们只重点关注他们的需要和匮乏，这就是我们所看到的一切。我们认为他们的贫困是他们的本质，也是他们的全部。我们相信，穷人一手为自己酿成了那样的状况。我们怀着慈悲或怜悯看待他们，紧搓双手叹息他们的困境。在这一刻，我们把自己的脆弱投射到穷人身上。这不仅是在防御我们自己的脆弱，还掩盖了我们在制造贫困上的合谋。

如果我们收回这种投射，就不会再否认，我们每个人都在制造贫困上扮演了某个角色——通过我们的生活方式；通过我们的漠不关心；通过我们给他们贴上"穷人"的标签，仿佛那是他们的全部；也通过我们选择不与他们为邻，不去了解他们。减税辩论的部分论点是这样一个信念：我们正把钱浪费在"那些人"的身上。倒不是说，我们投射的对象人群身上没有我们看见的某些品质；而是说，我们赋予我们之所见的意义——在这个例子中，是标签和归类——仅仅是投射。以此类推，还有失业者，破碎的家庭，破败的街区，游荡街头的青少年，还有我们忍受的所有其他征候。

在今日慈善界，这种认为"别人"是问题根源的思维模式意味着，我们必须等待他们发生改变，然后我们希望这个世界发生的改变才能够实现。而在他们改变之前，我们必须置身事外，并抑制他们。这让我们不愿意认识到，我们拥有手段、工具、想法来创造一个我们想要居住的世界，并且这对所有人都好。如果我们把别人视为我们自己的另外一个方面，我们就会欢迎他们加入我们当中来。我们就会让他们知道，他们属于我们，他们是我们的邻居，并有权保留他们的所有复杂性。

* * *

作为一个社区，继续聚焦于最脆弱者的需要和匮乏并不是一种好客的行为。它用贴标签取代了欢迎。这是在孤立他们，他们由此成了一个特定类别的人，以"他们不能做什么"来界定。这孤立了最脆弱的人。尽管我们关心他们，但我们不欢迎他们加入我们当中来；我们只是在为他们提供服务。他们成了客体。这可能就是为什么，为了遥远地方的苦难或者为了庆祝奴隶制终结的历史募集金钱，比为了我们六个街区之外的邻居募集金钱更容易。他们因为近在身边，反而妨碍了我们的同情。举个例子：辛辛那提花了 1.1 亿美元建造了一座宏伟的自由中心（Freedom Center），以庆祝奴隶制的终结。与此同时，我们却让六个街区之外的居民生活在非常困难的条件下——人们很不愿意认识到这两者之间的关系。我们愿意为过去的胜利欢呼喝彩；然而，我们因为陷入对穷人的投射当中不能自拔，于是对街道那头人们的苦难仍旧维持着一种殖民姿态。

关于投射，更具体地说，它出现在社区中时通过的那些交谈，乃是聚焦于需求、问题和我们借以给别人贴标签的诊断类别。例如，我们构建交谈的下面几种途径限制了我们的未来：

* 在街角游荡或辍学的年轻人成了"高风险青年"。
* 刑满释放的人成了"前罪犯"。
* 露宿街头的人成了"无家可归者"或"流浪者"。
* 那些身体或心理上有障碍的人成了"残障人"和"双相障碍患者"。

* 移民成了"非法移民"。

这份清单可以依据时代氛围的变化而无限延伸下去。

这种贴标签的做法，连同由此产生的服务，就是约翰·麦克奈特所说的"需求的商业化"。它成了"恐惧和过错"交谈的正当理由，后者又反过来成了惩罚型语境的正当理由。而惩罚型语境又随之推动了我们以为将带来改变的所有那些计划、专业知识和政策。

收回投射

要是我们坚持孤立，就没有办法收回集体投射。作为个体的内在工作或治疗再多，也没有力量。在关联性缺席时，在我们不具有归属感的生活中或工作场所，投射会自我维续。单枪匹马不足以把它收回。不管我们提供多少数据，千方百计生成多少道德说教或罪疚，它都不会消失。"我们为什么不能融洽相处？"是一个辛酸的恳求，但它没有力量把我们联合起来。

唯有当人们和那些从前的陌生人连接起来，当我们邀请人们作为社区的创造者或拥有者加入我们的交谈，集体转型——即收回我们的集体投射——才会发生。当我们与我们想帮助的那些人以一种新的方式关联起来时，转型就发生了。这意味着我们不再因为别人的缺陷而给他们贴标签，而是会聚焦于他们的天赋。

实例：埃尔门茨

年轻人受到重视而不是被贴标签的一个实例，是辛辛那提一个叫作埃尔门茨（Elementz）的中心。一群年轻人创立了一个嘻哈导向的城市艺术中心，14岁至24岁之间的年轻人每周可以花三个夜晚，在那里学习写作、表演、DJ和创作嘻哈音乐——他们自己的音乐。他们还学习作为一种艺术形式的墙上涂鸦，以及作为一种娱乐形式的霹雳舞。埃尔门茨接纳的正是让很多成年人感到紧张的东西——音乐、舞蹈、涂鸦——并把它们当成天赋。这不是一个娱乐中心，而是一个学习空间，年轻人必须参与项目才能待在这儿的建筑里。

埃尔门茨由年轻人构想出来，并由年轻人管理，因此当街头少年走进建筑时，他们看到的是自己的一幅映像，知道自己在这儿是受欢迎的。中心的工作团队不是受过专业训练的"青年工作者"；他们只是在这条道路上先走了两步的人，他们做出了承诺和牺牲来关照落在后面的年轻人。

埃尔门茨的目标不是专门要在这些娱乐领域提供职业机会——那样的承诺未免不切实际。目标是让年轻人体验到自身的创造特长，并感觉到他们内在的价值。终极目标，则是为他们的生活提供一种新的可能性。它还有助于克服城市青年的孤立。当他们第一次走进这儿的大门，如果你问他们，他们的生活中有多少成年人在意他们的最大爱好，他们的回答是一两个；他们加入埃尔门茨六个月之后，你再问他们相同的问题，他们的回答是四五个。这个体验会带来改变。当他们不那么孤立，并且有成年人关心他们的福祉时，他们便愿意从街头文化退出来，开始为自己构建一种更富有成效的生活。

没有什么能确保一个年轻人会看到新的可能性，但我们可以创造条件来增加那种选择的机会。当下面这两个条件被创造出来，我们寻求的转型就会发生：当我们产生了跨越边界的更深入的关联性时，以及当我们创造了专注于别人的天赋和能力的新交谈时。

这两个条件让我们能够专注于我们的连接性而不是差别。我们获取自己身份的途径，再也不必是要对"他们"拥有正确判断，或者继续把"他们"看作有需求的个体，或者视为不如我们的人。它让我们不再需要宣布胜利。差异不再是待解决的问题，它成了活力之源，一种天赋。用社区转型的用语说，这正是负起责任的意义所在。在这样的时刻，我们成了主人翁，拥有能够创造我们想要居住的世界的自由意志。我们成了居民。

第 6 章 | 倒转为居民

选择对整体负起责任,创造一个充满好客氛围与集体可能性的语境,采取行动把那些边缘人群的天赋带到中心——这些是我们开始创造一个属于居民的社区的几种方式。重申我们的居民身份就是负起责任,而这来自因与果之间的倒转。当我们的思路敞向居民创造领导者、孩子创造父母、观众创造表演时,我们就为普遍责任及由此出现的承诺创造了条件。这个倒转可能不是全部真理,但它很有用。

* * *

如果说,我们社区拥有不一样的未来的可能性,出自我们完全胜任居民角色的能力,那么,我们就必须谈谈居民[①]这个词。我们这里的定义是:居民是一个愿意为整体的福祉担负责任,并为之全力以赴的人。整体可以指一个城市街区、一个工作场所、一个社区、一个国家乃至地球。居民是一个创造未来的人,他不等待、乞求或空想未来。

---

① 如前注,Citizen 兼有"公民""居民"之意。因本书主要探讨社区,故一般译为"居民"。但本章有时更侧重"公民"之意。——编辑注

做一个居民的对立面是做一个消费者或顾客,这是约翰·麦克奈特富有教益的另一个观念。消费者总是放弃权力。他们相信,最有效满足自己需求的方式是通过别人的行动——不管那些"别人"是当选官员、高层管理人员、社会服务提供者,还是大型购物中心。消费者还任由别人界定自己的需求。如果说,领导者和服务提供商有罪咎——他们给别人贴标签或者把"需求"投射到别人身上,从而给自身的领导方式或他们提供的服务开脱——那么,消费者也通过接受别人对自己需求的界定,有合谋之过错。这种提供者—消费者的交易是索要心理的温床,它敌视我们关于居民的定义以及定义当中固有的力量。

居民身份的意义

居民(公民)身份的传统定义,涉及投票以及宣誓拥护一个国家的宪法和法律的行为。这个定义既狭窄又有局限性。不论在全世界还是美国,太多声称要维护民主的组织都有这种受限的居民身份观念。居民身份并不是关于投票,甚至不是关于投票权。把居民身份的实质主要解释为投票权,削弱了它的力量——仿佛投票就是民主的保证。投票当然是民主制的一个特征,但正如法里德·扎卡利亚(Fareed Zakaria)在他的著作《自由的未来》(*The Future of Freedom*)中所指出的,投票权并不能确保一个民众社会,或者用我们的术语说,并不能确保一个修复型社会。

当我们把居民仅仅当成选民,我们便把他们降低成了当选官员和领导者的消费者。选举时期能最生动地表现出这一点,此时候选人成了产品，议题成了广告词，竞选活动则是一个兜售候选人的营销系统和发行系统。优秀的竞选经理就是优秀的营销人员和产品经理。选民成了目标市场和人口统计学，他们最重要的作用，是汇集到焦点小组（focus group）① 中对广告词的细微差别做出回应。这就是消费者的力量，其实根本不是力量。

透过这个镜头，我们就能够理解为什么那么多人不去投票。他们不相信自己的行动能够影响未来。这部分是个自我选择的立场，部分表达了生长于一个惩罚型世界的无助。这种思路并非不去投票的借口，但它的确说明，我们的工作就是要让居民具备起能力来担负责任并成为社区的创造者。

* * *

当居民这个词作为惩罚性辩论的组成部分而被政治化时，我们可以最清楚地看出我们如何把这个词的真正意义边缘化了。我们争论无证工人问题、移民问题，以及前罪犯——甚至他们孩子的权利问题。我们把英语作为官方语言的问题政治化了，并在格兰德河② 畔建造了一道高墙，终有一日我们又不得不将其推倒。

作为建设社区之意愿的居民身份，被各种形式的孤立主义取代了。并非偶然的是，那些最大声要求找到并驱逐无证工人的活跃分子，都是恐惧、监督、安全和保障等议程的某些领导者。他们是惩罚型社会的关

---

① 也称小组访谈，是社会科学研究中常用的定性研究方法。采用小型座谈会的形式，挑选一组具有同质性的被调查者，由一个经过训练的调查者主持，以一种无结构、自然的形式与被调查者交谈，从而获得对有关问题的深入了解。——编辑注
② 美国和墨西哥的界河。——编辑注

键受益者。如果我们想要社区，我们就一定不能允许居民身份以这种方式遭到选择性利用。

做一个居民的意义何在，这个观念太过重要，需要让它回归它更加深远的价值。居民身份是一种存在状态。它是对行动主义和关切的抉择。作为一个居民，你应当愿意去做下列事情：

* 对那个你所归属的更大集体的福祉担负起责任。不要回应这个问题："这对我有什么好处？"当有人问起，你只要说："我不知道。"
* 选择拥有并行使权力，而不是把它托付或委派给别人。不必再期待伟大的领导层。你自己可能就是。那有多么诱人？
* 加入一种为好客的、修复型的社区赋予自身存在感的集体可能性。
* 应承认，社区产生于居民互相信任并且协力让这个地方更美好的决定。社区的建设不是靠专业的技能、强大的领导力或更好的服务，而是靠伟大的本地人民一起来做某种有益事情的决定。
* 专注于其他所有人的天赋和能力，行动起来把那些边缘人群的天赋带到中心。每次集会时都设法这么做。为了理解我们的天赋，我们就需要互相了解这些天赋，并将其作为每次集会结束时的惯例。居民身份是一种认识——认识到自己贡献了有价值的东西。只有倾听，才能相信它。

倒转原因

为了创造出居民收回自身权力的社区，我们需要改变我们对于谁来负责、权力属于何处的信念。我们需要倒转自己关于何为因、何为果的思考。这个转变有能力抗衡我们的索要心理和依赖性。

拥有权力，意味着我的体验、我的发现甚至我的快乐都由我来创造。这个视角将让我们看到，观众如何创造表演，孩子如何创造父母，学生如何创造老师，以及居民如何创造领导者。

倒不是说这些原因的转变必然属实，但它们给了我们力量。在每一个实例中，它都把选择权交到我们自己的手里，而不是让我们等待别人的转型提供我们想要的未来。如果我们的目的是为一个不一样的未来创造可能性，那么我们需要的这个未来就应当由我们自己的双手来塑造。一个亲手打造的未来。

倒转我们的思考并不会改变这个世界，但它会创造让世界的转变成为可能的一个条件。这样的转变始于我们思考的倒转。从把我们自己设想为果，到把我们自己设想为因，这一步是创造一种居民责任文化的倒转行动。这也是责任的旋转轴心。

注意：因与果，亦即笛卡尔的机械世界观，不仅夸大了世界的机械性，还把原因置于方程式的错误一端。双重赔偿。

这一倒转，挑战了相信存在一条正确道路的传统认识。我说的"倒转"指的是真正的倒转：180度，不是179度。现在不是妥协或不偏不倚的时候。倒转我们关于因与果的思考方式，能支持对"万物运转的唯一方式"的真正挑战。重复一句，我不是在说这种思路在100%的时间100%准确，但它可以为我们在社区中的存在方式提供额外力量。为了开始收回我们作为居民的权力，我们就得追问："如果你曾经相信这是真的，那么它是以何种方式带来变化，或以何种方式改变你的行动？"

> 鸡只不过是蛋的繁殖途径。
> 彼得·科斯滕鲍姆

这意味着，一个不一样的未来的可能性集中于这样一个问题："是我们主动选择了现在，还是别人把现在交给了我们？"默认的文化会试图让我们相信，过去创造未来，个体的改变导致组织和社区的改变，有权势的人创造处于从属地位的人。它还试图让我们相信，我们被除了自由意志之外的一切事物所决定。文化、历史、遗传、组织和社会都驱动了我们的行动和我们的存在方式。

这一切都属实，但反之亦为真：自由意志将战胜遗传、文化和父母的教养。

这种倒转的效用

许多年前我偶然遭遇的第一个倒转，是"囚犯管理监狱"的想法。我表示怀疑，直至我和一些惩治改造人士共事后，他们告诉我这里面有真理的成分。下面是以这种方式来转换我们的思考的部分含义：

倒转：观众创造表演。

含义：重新设计观众的体验。不再把如此多精力花在舞台上那些人的才能和信息上。把 PowerPoint 展示限制在 4 帧幻灯片。彼得·布鲁克①让舞台沉浸于观众的中央；在约翰·凯奇②举办的音乐会上，观众的嘀咕声和咳嗽声也是表演。当我们相会时，要让观众之

---

① 彼得·布鲁克（Peter Brook，1925— ），英国著名戏剧和电影导演。其力求创新和反传统的作风，对 20 世纪的戏剧发展影响深远，被公认为当今西方戏剧界最重要的导演之一。——编辑注

② 约翰·凯奇（John Milton Cage，1912—1992），美国先锋派古典音乐作曲家，阿诺德·勋伯格的学生、蘑菇学家、作家、视觉艺术家。——编辑注

间互相参与成为可能。每座礼堂、几乎每座教堂、几乎每个会议室和教室，都要重新设计。椅子要是活动的，观众要能够互相看见，并且知道不管舞台上发生什么，他们都并不孤单，而且有能力得到他们想要的东西。

倒转：下属创造老板。

含义：学习、发展和目标设定掌握在下属手里。我们不再调查人们怎么看他们的老板，反正也没人知道能拿调查结果怎么办。注意力将从老板转向同事，因为正是同事关系产生了工作。

倒转：孩子创造父母。

含义：父母可以整夜安眠。向孩子灌输价值、强加结果的交谈和辛劳将会平静下来。我们将专注于青少年的天赋、教学和福祉，而不是把他们视为要处理的问题。我们将判定，父母的主要职责是要发现我们称为孩子的这些古怪小家伙究竟是谁。我们将聆听他们，而不是翻来覆去地指示和教导他们。这将让父母能够放松自己的嘴巴和食指，也间接有益于健康。

倒转：居民创造领导者。

含义：我们对领导者的依赖以及对他们的失望都会减少。媒体将不得不改变头条新闻的安排。居民旨在改善自己社区的事迹不再是"人情味"故事，而是实实在在的新闻。选举成本将减少90%，因为我们选谁的问题不那么关系重大了。穷人也可能成为相应官职的候选人。

尤其是，我们的领导者将成为会议召集人，而非我们投射的行为榜样与容器。后文将加以详述。

倒转：一个房间和一幢建筑由它们的占用方式所创造。

含义：我们会针对性地策划自己出现的方式。我们会花时间设计自己坐在房间里的方式，而非这个房间的预计使用方式的纯粹消费者，也不依赖于管理员或者最后使用这个房间的人群的想法。

我们会以一种肯定社区的方式来重新设计我们周围的物理空间——房间、过道、接待区——使之拥有一种欢迎的氛围，让人感觉自己来对了地方。最重要的是，我们如何坐在一起会是一个严肃的讨论话题。

倒转：学生创造老师和学习。

含义：教育将被设计为更侧重于学，而不是教。这已经在很多地方以个性化学习的名目发生。蒙台梭利教育法已经一直在沿着这些路线实施。教室里的社会契约将朝着师生合作关系的方向重新协商。学生将为自己设定目标，并对其他学生的学习负责。简单的观念，强有力的观念，在实践中依然罕见。这还会令标准化考试和追逐核心课程的殖民式驱动寿终正寝。

倒转：青少年创造成年人。

含义：成人主义将遭遇对抗。成年人要下决心关注青少年的体验，而不是始终教训他们。每当召开关于青少年的集会和大会，青少年的声音将是交谈的中心。青少年将成为一个可能性，而不是一个问题。如果我们真的相信这一点，我们就会把我们对下一代的信任从表面文章转到普遍的实践。我们要问年轻人的问题是："你们的哪些方面是我们没有理解的?"如果我们有勇气这么做,就会改变人生。

倒转:聆听创造言说者。

含义:聆听将被当成一个行动步骤。对我们大多数人来说,听只不过是在等待说的机会。陈述之间甚至也可能有一个沉默阶段,这段沉默也可能被体验为交谈的一部分,而非死寂空间。虚拟通信的弊端是很少有沉默的机会。如果我们都在房间里,你不说话,我们就会等待。而如果我们在开电话会议,你不发言,我们只会认为出了个技术故障。

听,会驱使我们说。我们还会理解,对房间里的聆听者言说意味着什么。根本而言,我们会认为聆听比言说更重要。

你现在已经明白——这份清单可以延伸下去。在每个实例中,当我们倒转我们的思考,关注和努力的焦点就会改变方向。

这些转变中蕴含的力量在于,它们以出乎意料的方式让我们直面我们自己的自由。只有从这种我们所有人都有出路的自由当中,才能够产生社区和真正的责任。只有在我亲自参与创造的事物,包括我的生活和社区面前,我才能成为一个负责任的可能性。

这里面的政治是,原因的倒转让我的关注焦点从那个权威人士——领导者、表演者、父母、监管者——转到跟别人联合执掌真正权力的那个人。也不要夸大这一视角,因为领导者、表演者、父母和监管者都是社区中至关重要的合作伙伴;只是说,他们不是我们以往理解的那种首要的或唯一的主人。我们永远也消除不了对于伟大领导者和台前人士的需要，我们只是承受不了把我们的全部经验和未来都交到他手上。

* * *

用不着争论这个倒转观念，只消稍微考虑一下它的效用。一个特定的倒转并不一定切实，但它的用处在于它赋予了我们力量，去唤起那类我们认定对于真正的社区至关重要的居民。在民事领域工作的人常对居民抱有某种犬儒主义的态度。例如，他们谈到让父母参与孩子的学校活动有多困难。谈到除非人们愤怒，否则没几个人会在政务会或委员会的会议上露面。谈到在社区中真正活跃的人数量何其少。这种观点并非没有道理。它不仅仅是犬儒主义，还是相当准确的观察记录。为了修复社区，就要相信我们在造成这一状况方面同样负有责任。沦为麻木不仁的、充满索要心理的抱怨者，并非人的本性所致。

对此问题做个简述：只要我们把领导者看作原因，我们就会制造出消极的、充满索要心理的居民。我们认为原因在哪里，我们就会把我们的注意力、我们所受的训练和我们的资源放到哪里。当我们把居民看作原因，这就会转移我们的注意力和我们的财富，以及随之而来的活力和创造力。

关于因与果的这个思想转变创造了这样的信念，即在任何情况下，包括在我们的个人生活中，选择和机缘将取代意外和宿命。这非同小可。

关于责任感的一个词

惩罚型交谈的一个代价是：它培育了索要心理。索要心理在本质上是这样的交谈："这对我有什么好处？"它表达了一种消费者心态，而经济学家告诉我们，只有稀缺的东西才有价值。索要心理是家长制文化的结果，我在其他书中多次讨论过。但就本书的讨论而言，我只想说，如果我们创造了一种恐惧、过错和惩罚的语境，那么我们就会专注于自保，这就会播下索要心理的种子。

索要心理的代价是，它逃避责任，还放松承诺。有趣的是，现有的公共交谈声称会严肃对待责任，但它在惩罚型语境中使用的责任用语，却是"控制"的代称。高度控制的系统总会忍不住地放松责任。它们不断强烈要求更严格的控制、新的法律和更大的系统，但正是在这样的强烈要求中，它们暴露了自身的脆弱。

主流的责任观的弱点在于，它认为人们可以被归结为有责任。亦即，我们可以迫使人们负责任。尽管这种观点很有蛊惑力，但相信惩罚、刺激、立法、新标准和严重的后果会导致责任感，不过是一个幻想。

正是这个幻想创造了索要心理——而且更糟，它驱使我们彼此分离；它不会让我们走到一起。它让邻居反对邻居。它否认我们是我们兄弟的守护者。每个殖民政权和独裁政权都通过让居民之间互相敌对而上台掌权。要控制一种文化，就必须兜售恐惧。比如通过集中控制媒体，通过让新闻报道的故事线索围绕危机展开。而社区则是由成功的故事建设起来的。把精力花在找出归咎对象上，只会侵蚀社区的基础。这是帝国的方法论。

关于责任的传统思想的运作方式，可以注意主宰我们的会议和集会的那些交谈。我们耗时费力地谈论并不在房间里的人。就算不是那样，我们的集会也被安排来兜售、改变、说服和影响别人，仿佛他们的改变会帮助我们达到目标。这些交谈不会产生力量，它们只会消耗力量。

主动选择的责任与承诺，以及强制力的使用

承诺和责任永远成双配对，并且和创造社区相关联。两者不可分离。责任就是关心整体福祉的意愿，承诺则是许下诺言且不求回报的意愿。

经济学家可能会说这有利他主义的味道，确实如此。社区需要的是没有交易、不以他人的行动为条件的承诺。如果没有那个承诺，我们的处境就始终停留在对别人的选择做出反应。这意味着，我们的承诺是有条件的。这是交易，不是承诺。

始终对别人的选择做出反应的代价，是增强了犬儒主义和无助状态。犬儒主义和无助的最终代价则是我们诉诸强制力的使用。这样一来，主导我们文化的交易心理就会助长强制力。未必都是暴力，而是说我们以为，要改变某种东西就必须授权别人或自己来使用强制力。

强制力的使用是惩罚的一个终端产品，它拒绝利他主义和纯粹的承诺。它拒绝"美德本身就是一种奖励"这个观念。

承诺是索要心理和交易的对立面。无条件的、不考虑"这对我有什么好处？"的承诺，是社区在情感上和关联上的实质。有人称之为诚实、忠贞、守信。

承诺就是选择一条通往承诺本身的路径。这是权力的实质。特蕾莎修女懂得这一点。当有人问她为什么每次只对一个人做工作，而不在乎更大范围的影响时，她答道："召唤我的是信仰，而非结果。"如果你想加入和特蕾莎修女争论的大合唱，悉听尊便。

第7章 ｜ 让社区转型

关于社区转型的传统思维相信，聚焦于大系统、更优秀的领导者、更清晰的目标和更多的控制必不可少，强调速度和规模至关重要。传统的信念是，个体转型导致集体转型。我们对这个要点的探究得出了不同的理解，即转型会在这样的时机发生：当我们专注于我们聚集的结构，以及集会发生的语境时；当我们致力于正确地应对问题时；当我们更愿意选择深度而非速度，更愿意选择关联性而非规模时。我们还相信，解决问题虽然能为事物带来改善，但不能改变事物的性质。

社区转型所要求的居民身份，应把语境从一个充满恐惧和过错、法律和监督、法人和"系统"以及对领导力的专注的场景，转变到一个充满天赋、慷慨和丰裕，社会结构和主动选择的责任，以及社团生活和居民参与的场景。当居民们在围绕主人翁身份和可能性的交谈中彼此面对时，这些转变就会发生。更具体地说，领导者要承担三项任务：转变人们聚集的语境，通过强有力的问题来描述辩论以及聆听，而非鼓吹、捍卫或提供答案。

* * *

有人认为我们可以通过预先规划和解决问题的方式来实现理想,这样的思维模式没有考虑到社区的复杂性和关联性。它低估了语境以及社区的语言属性和交谈属性的重要性。如果我们想要看到我们社区的改变,我们就必须搁置关于改变何以发生的传统认识或普遍认识。这意味着我们拒绝或者至少严重质疑,集体转型将在下列环境中发生的信念:

* **我们可以指望个体改变的集合。** 一些大型组织试图通过大规模的培训和变革努力来改变自身的文化,我们已在它们的努力中看到这一点。有些社区发起了大规模的对话计划和读书俱乐部,很多人在读书俱乐部中同时阅读同一本书。不管这些努力的意图多么良好,大多没能实现它们的目标。为什么?因为虽然个人生活被触及了,但组织文化和社区纹丝未动。

  这些努力的不足之处是,没有认识到集体的存在。一个社区即便受益于个体意识的转变,仍旧需要一种集体的连接性,因为一种集体的归属结构能够为整个系统的前进奠定基础。因此不出意料令人沮丧的是,即便在个人和个别机构中创造出了良好的表现和自觉性,结果还是会发现它们对社区的社会资本或结构的影响如此之小。

* **我们只考虑规模和速度。** 正如戴维·伯恩斯坦如此清晰地指出的,任何大规模的改变都发生于一个长时期的小步骤之后,这些小步骤都是围绕有足够耐心去学习、试验和再学习的小群体组织起来的。速度和规模是反对个体转型和

集体转型之需要的借口。它们是公司思维模式的标志。当我们要求更快的速度和更大的规模时，我们其实在间接反对任何重要的事物发生任何变化。

* **我们依然聚焦于让大系统和高层领导者来实施更好的问题解法，更清晰的目标和理想，以及对流程的更好控制。** 大系统的改变是有用的，但转型行动始终是局部的、具体的、逐渐展开的和自然出现的。领导者的角色并不是成为更好的典范，或是去驱动改变；他们的角色是创造出相应的结构和体验，让居民走到一起来识别和处理他们自身的问题。

当我们接受下列信念时，集体转型才会发生：

* **我们聚焦于我们如何聚集的结构和集会发生的语境。** 当个人和五花八门的小组互相参与其他很多人做相同事情的场合时，集体改变便发生了。它来自这样一个认识：一个空间里正在发生的事情同样也发生在其他的空间，尤其是我们不知道他们在那里做什么的空间。这就是网络的价值，甚或是一个由网络组成的网络，它是今日版本的社会运动。在关注我们聚集的结构和语境时，我们宣布我们对修复的信仰。所有这一切需要以通常的行动和问题解决予以跟进，但正是在那些居民互相参与的时刻，在互相交流中和别人的见证下，集体的转变发生了。

当个人和机构跨越边界相遇时，保持这种聚焦尤其重要。关键是要构建一条跨越边界的途径，以便人们和那些他们从前并不与之同处一室的人连接起来。每次集会，就其构成和结构而言，都必须是我们想要创造的未来的一个范例。如果在这次集会中实现了这个目标，那么，那个未来就发生在今天，没有什么东西需要等待。这颇有禅宗的意味。

* **我们致力于正确地应对问题。** 为此首先要认识到，问题本身很重要，比答案更重要。社区转型的首要问题是："我们选择如何走到一起？"和"我们想要一起创造什么？"这与个体转型的首要问题不同，后者是"我在自己恰好置身的环境里选择如何做？"和"我在这个世界上被要求做什么？"

* **我们选择深度超过速度，选择关联性超过规模。**"我们想要一起创造什么？"这个问题复杂得令人迷惑。它暗示了一段跨越社会、阶级和机构边界的漫长旅程。深度需要时间和参与的意愿。归属需要有勇气把通常的行动观念以及通过所触及的人数来衡量成功的观念丢到一边。它还意味着，在我们坚持自己观点的同时，我们要把我们的自私自利留在门外，以聆听的姿态而非鼓吹的姿态出场。这些都是我们找到自己属于的那个新地方赖以实现的条件。

选择可能性超过问题解决

创造未来不同于定义未来。如果我们的目标是要构建社会资本、改变居民互相参与的方式，那么，我们就必须转变我们对于传统策略和问题解决所扮演的角色的思考。我们前面谈到了对天赋和可能性的重视超过需求和问题。现在我们可以更详细地谈谈这看上去像什么。

我们创造未来的典型方式是：具体指定设想和目标，然后绘出实现它们的蓝图。这被称为解决问题的目标策略。下面是传统问题解决的策略要素：

* **识别需求。**找出我们想要解决或改进的问题、需求或匮乏。
* **研究和分析需求。**做研究，收集事实，调查人，并组织调查结果和数据，以便为改变提出一个令人信服的理由。
* **寻找解决办法。**群策群力找出可选方案。其他社区是如何解决这一缺陷的？以此为标杆，请来专家、顾问、学者、前领导者和前公职人员，提供好的方法。
* **确立目标。**设定切合实际的、可以实现的目标，建立在设想的基础之上。定义结果，并把努力向可以实现的结果集中；速度越快、成本越低越好。寻找低悬的果实。或许可以开展一次试点实验，以证明策略的有效性。综合设想、使命和目标，以证明这一意图的永久性。
* **让其他人加入进来。**向关键领导者推销，与居民们会面，以界定努力并命名竞赛场地。号召组织和个人，为改变而创造一个同盟。推广激烈争论的平台，并强调快速结果的紧迫和必要。给予层级以广泛的分布。
* **执行。**发起计划并推动它向前。保持信息畅通，定期评估。要求人们对结果负责，履行承诺，展示成果。向其他人宣

布我们多么负责。

* **回环**。当世界插手干预并在道路上制造障碍时，重新开始问题解决，识别什么出了差错以及谁应该负责，启动清晰的监督流程，使得这一差错不会再次发生。

经典的问题解决步骤的核心是相信蓝图。我们全都是问题解决者，是行动导向和关心结果的。在这一文化里，没有任务清单就结束集会是不合法的。我们想要可以衡量的结果，我们现在就想要这样的结果。所有这一切全都有着表面上的正当性，以至于以任何方式反对它似乎都是愚蠢的。

而且，这种思考方式也确实对很多事情管用，尤其是对于物质世界。而对于人的系统，或者当愿望是要从无到有创造什么东西的时候，它就不是很管用了。我们依然相信，在构建一个社区时，我们实际上是在构建和操作一个时钟。再说一遍，问题解决可以让事情变得更好，但它不能改变事情的性质。这一洞见处在所有关于复杂的自适应系统、自然出现设计以及宇宙的有机性和自我调节性的思考的中心。

面向未来的时钟策略的局限性，可见于解决社区问题的最受欢迎的形式之一：创造一个构想。大多数社区都在某个时间点上为自己描述了一个构想——这些构想是作为定义目标的一种方式而发展出来的。（新千年是这一策略的一个绝佳时机。如今，分界线已经移动到了 2030 年。）这些类型的构想自有其价值，因为它们让很多人为了发展而走到一起，它们使得我们对自己抱持乐观主义态度。但它们在改变的力量上是有限的，因为它们假设：从我们今天所在的地方，可以经由一条直线路径，到达一个已经定义好的目的地。

大多数构想是基于下面这个信念：关于什么构成一个理想的或健康的社区，我们知道得很多，这倒是真的。有很多精彩非凡的书籍描述一个伟大的社区看上去像什么样子。简·雅各布斯使我们关于街道生活之力量日渐明朗。罗伯特·帕特南提高了我们对于社会资本之中心地位的意识。约翰·麦克奈特的作品为基于资产的社区发展建立了广泛的支持。

对社区建设的挑战是：整个构想、计划以及具有奉献精神的高层领导者都很重要，甚至必不可少，但是，任何清晰的构想，任何详细的计划，任何具有奉献精神的群体领导者，如果没有居民持续不断的参与，都没有力量把对未来的想象付诸实现。在大多数实例中，当计划到位时，居民的参与便结束了。执行被交到了专业人士的手里。从概念上讲，总体计划为发展和空间的使用提供了某些参数，但在实际生活中，它通常是一声引起争论的号令。尽管它很有用，但它很少构建相互依存的关系或强化一个地方的社会结构。

让一个崭新未来得以实现的是愿意自我组织起来的居民。一个不一样的未来需要居民的投入——领导者并不处在顶层的位置上——他们愿意付出创造真正新事物所需要的经济代价和情感代价。

因此，每个社区面临的主要挑战不是对它想要成为什么有一个构想，或一项计划，或者具体的时间表。真正的挑战是发现和创造让居民参与进来、使新的可能性得以实现的手段。更准确地说，赋予社区可能性以力量的，是全程参与的居民的想象力和创作者身份。这才是创造归属结构的东西。这比构想和计划更具决定性。

实例：科文顿

在肯塔基州科文顿，几个城市机构一起选择使用这种社区建设，作为发展其公仆和公民战略计划的一种方法。市长杰伊·福塞特（Jay Fossett）、"大街区中心"主管汤姆·迪贝罗（Tom DiBello）和本地商会的会长吉娜·布雷福格尔（Gina Breyfogle）要求一连串的市民集会提供帮助，以便为这座城市遵循本书中所建议的规程创立议程。在本地一位非常有才干的社区建设者杰夫·斯特克（Jeff Stec）的领导下，我们邀请科文顿的市民参加了四次公共集会。不是给领导者提建议，而是界定计划的优先事项，并致力于让战略计划运转起来。一个有4.4万居民的小镇，有5 000人挺身而出，加入这项计划。

每次开会，人们都分成小组集会，和那些他们并不认识但和他们有共同利益的人一起工作。他们回答一些开放式的问题，并被要求在优先事项中做出选择，而且，在最后的一次会议上，要求他们把这个计划过程变成现实。

在这个过程结束时，城市有了它的战略计划——而且，更重要的是，它有了一群数量可观的市民签署的承诺，让计划运转起来。最重要的大概是，他们在这个过程中强化了其社区的结构。

创造一个别样未来的是根据下面这个信念行动起来：语境、关联性和语言是要点，传统的问题解决必须是从属性的，并被推迟到语境、关联性和语言改变之后。在这一思路中，问题解决成了一个手段，其本身并非目的。

我们无法通过解决问题的途径来实现根本性改变、转型或社区。再说一遍,这不是一个反对解决问题的论据;它只是断言:首要的工作是改变语境和语言,并思考问题得以解决的可能性。

这一转变需要我们改变我们关于究竟什么构成行动的观念,如此一来,曾经被视为达到目的之手段的东西,如今本身也作为行动而受到重视。另一个关键洞见来自吉姆·基恩,他把自己的一生都耗在了公共领域,这一洞见是:"问题的作用大概是让我们有了走到一起的借口。"

拓展我们的行动观念

当然,只要走到一起就必须提供某种走向未来的运动。每一次我们相遇,我们都想要感觉到我们把行动向前推进了。社区有一个目的超越于关联性:它必须创造生计,养育孩子,关心我们的健康,拥抱容易受伤害者。要让社区产生这些效应,我们就必须重构我们对行动的定义。

那么,问题是,什么东西有资格被视为行动?传统上,为了让我们在一起的时光能令人满意,我们必须有一项策略,一份接下来的步骤和里程碑的清单,然后还要有砖块和砂浆的结合,以及知道谁将对此负责。事实上,这个世界上的任何改变都需要这种行动。然而,要说这就是被视为行动的一切,那就太狭隘了。

如果我们重视建设社区结构和归属,就像重视预算、时间表、砖块和砂浆一样,那么我们就需要在更加宽泛的意义上来考量行动。例如:

　　如果只是强化我们的关联性,一次集会是不是值得?
　　如果我们学到了什么有价值的东西,一次集会是不是值得?
　　假设我们只是陈述我们互相之间对彼此的要求,我们愿意给对方提供什么。是不是证明我们走到一起是有道理的？

或者，在一次集会中，如果我们只是讨论我们想要把什么样的天赋运用于那个让我们走到一起的关切，又会怎样。会不会得到一个有价值的结果？

假设我们耗时费力就什么东西对我们来说很重要达成一致，又会如何？

对这些问题说"是"打开和拓宽了什么构成行动的光谱，这才是要点。关联性、学习、要求、意图和天赋的提供，在重要性上达成一致，这些都是结果，像一致意见和接下来的步骤一样有价值。

我们并不是为了集会而集会，也不是为了互相认识而集会。我们走到一起是为了价值交换，为了体验关联性、天赋、学习和慷慨对社区多么有价值。当我们把这些命名为结果时，我们就能够体验到我们付出的投资已经圆满完成，而不必把一份清单留给未来。

如果没有这些连接成分，传统的任务就失去了其紧迫性，要想维持就必须持续不断地予以刺激。有了这个拓展了的行动观念，我们就可以把构想、问题解决和定义清晰的结果带到房间里来——事实上我们需要它们来支撑我们。人们聚集在一起学习和联系只有这么长的时间，然后他们需要一项任务。除了互相找到对方，并和那些我们从前并没有与他们说过话（至少没有以这种方式说过话）的人进行新的交谈之外，它还帮助产生了一件物理上的事物，清理某个东西，做一顿饭，创办一个社区花园，遛遛狗，问问邻居是否孤独。实际之事成了走到一起的借口，随着时间的推移需要它来维持我们的归属。

PART 2　归属的魔力

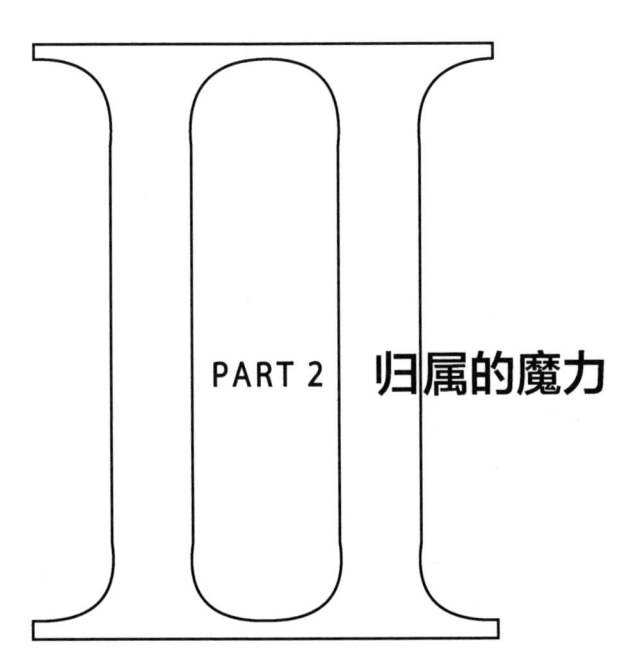

> 获得天国就是听到没有说出的、看见不能看见的、知道不可知的。
>
> 夏威夷女王利留卡拉尼（Liliuokalani）在目睹其君主国终结之后致她的女儿

集体转变的某些特性为更大的归属和更强的社会结构创造了条件。倒不是说转变可以化约为一个秘方或一组步骤，而是说它的特性可以被看作某些成分的组合，这些成分赋予它一个更切实有形的结构。我们试图把铅变为黄金的努力，就像最初的炼金术士们一样，部分是在处理正确的特性，部分是信仰和精神的行为。

到目前为止，我们说过，当我们改变语境、看重可能性并改变语言——所有这些都产生一种归属感——时，转变便发生了。我们现在可以具体谈谈让这种改变得以发生的手段。在被带入关心整体的语境时，下列"模式语言"（借用克里斯托弗·亚历山大的术语）可以产生一个新的未来：

领导工作是召集。

小组是转型的单位。

疑问（Questions）比答案更有转变的力量。

六种交谈把归属具体化。

好客——欢迎陌生人——是最重要的。

物理空间和社会空间支撑归属。

这些为讨论如何把本书第一部分的观念付诸实践的方法提供了框架。

第 8 章 ｜ 领导工作就是召集

这不是反对领导者或领导力的论据，而只是希望改变我们关于领导的思考的性质。社区转变需要某种领导力，这种领导力能够以下列方式创造改变语境的条件：

* 从一个恐惧和过错之地，到一个天赋、慷慨和丰裕之地
* 从相信更多的法律和监督，到相信社会结构和选择的责任
* 从以机构、法人和系统为中心，到以社团生活为中心
* 从聚焦于领导者，到聚焦于居民
* 从问题到可能性

要让这一语境转变得以发生，我们需要支持修复之路的领导力。修复要求我们给领导力祛魅，把它视为所有人身上都存在的一种品质。我们需要把领导力简单化，并这样来构建它，使得它无穷而普遍地可用。我们必须结束我们对更优秀领导者的搜寻，我们有的已经够多了。

* * *

在社区转变中，领导力涉及意图、召集、重视关联性和提供选择。它不是典型个性或风格的问题，因此，它所需要的不过是我们所有人都已经拥有的东西。

这意味着我们可以不再寻找领导力，仿佛它是稀缺的或失去了的，或者必须由专家训练而成的。如果说我们传统形式的领导力被研究了那么长时间，被人们怀着充沛的钦佩之情写到过，被那么多人定义过，被那么少的人所崇拜，而且是造成那么多失望的原因，或许，其中更多的事情并非富有生产力的。寻找伟大的领导力是一个典型的例子，它证明我们经常从事某件并不起作用的事情并更加努力地去做。

我在别的地方写过将领导者重塑为社会建筑师。不是作为特殊之人的领导者，而是作为一个愿意做某些事情——在这个世界上开创新事物——的居民的领导者。这样，领导者就属于厨师、木匠、艺术家、发型师和景观设计师那一类人。它是一种我们大家都能学会的能力，加上少量的教学并同意付诸实践。这是终极的 DIY（自己动手）运动。

社区建设需要这样一个领导概念：他是一个为别人设计体验的人——这些体验本身就是我们所渴望的那个未来的范例。这里说的体验指的是房间里的人彼此互动的方式。我们创造的体验需要以这样一种方式来设计，即关联性、责任和承诺每时每刻是可用的、可被体验的和可被证明的。世界咖啡馆的戴维·艾萨克斯把这称作"关联型领导力"。

领导力的这个概念意味着，除了拥抱自己的人性——这是每个人的工作——之外，领导者的核心任务是为居民和机构的参与创造条件。他们通过他们所拥有的命名讨论和设计聚会的权力来做这件事。

我们使用聚会（gathering）这个术语，是因为这个词所带来的联想不同于我们说"会议"(meeting)这个词时心里所想到的东西。大多数人甚至不喜欢会议，这是有道理的。它们往往旨在解释、辩护、表达意见、说服，设定更多的目标，并定义步骤——其结果是产生更多当前已经存在的东西。这种会议要么回顾过去，要么体现这样一个信念：更好的计划，更好的管理，或者更多的衡量和预期，能够创造一个不一样的未来。所以，聚会这个词旨在凸显我们这里正在谈论的东西，某种比一般意义上的会议更有意义的东西。

参与是要点

领导力首先从这样一个理解开始：每次聚会是一个通过参与来深化责任和承诺的机会。聚会所宣称的目的是什么并不重要。

每次聚会都具备两项功能：提出它既定的目的，以及它的事务问题；成为每个人决定作为所有者参与进来的时机。领导者的任务是构建这些时机的场所和体验，以推动文化朝着共享所有权的方向前进。

这非常不同于下面这个传统信念：领导的任务是提出构想，让其他人参与其中，通过衡量和奖赏，让人们负起责任。不妨考量一下，当前大多数领导力训练都断言下面几点：

* 领导和顶层是必不可少的。他们是需要拥有一组特定个人技能的典范。
* 领导者的任务是定义目的地和到达目的地的蓝图。
* 领导者的工作是把其他人带进来。招募，列队，鼓励。

* 领导者提供所需要的（由领导者定义的）监督、衡量和训练。

其中每个信念都把领导者抬举为一个精英群体，非常值得特殊的发展、训导和激励。所有这些信念都有表面上的正当性，它们会产生一些意想不到的后果。当我们对一个领导者感到不满时，我们只是更努力地试着寻找一位新的领导者，他将会以让我们最失望的方式更完美地履行职责。这造成了我们的社区承受不起的孤立、索要心理和消极的重负。

这个世界并不需要领导者来定义议题，或者精心策划更好的计划或项目管理。对议题和计划来说，需要的是产生更大的影响，而这来自居民的责任和承诺。参与是手段，通过这个手段，在关心整体福祉上可能会有所改变，领导者作为召集人的任务是促成这种参与。

召集的艺术

按照这一思路，我们认为领导有三项任务：

* 创造一个培育别样未来的语境，这一语境建立在天赋、慷慨、责任和承诺的基础上。
* 启动并召集改变人们体验的交谈，此事的发生是通过把人们带到一起的那种方式，以及用来吸引他们参与进来的那些问题的性质。
* 聆听和关注。能够说"我不知道"。

召集型领导者创造和管理社会空间，居民在这个空间内深度参与并发现他们有能力解决某些事情，或者至少是推动行动向前。当我们要求人们对他们自己的体验负责并为了整体的福祉采取行动时，参与，以及由此而来的责任，便产生了。领导者要做到这一点，需要通过命名一个新的语境，并通过那些要求个人投入的问题来召集人们开始新的交谈。正是这个触发了人们的选择，他们选择对那些我们可以拥有权力的事情负起责任，即使我们可能没有控制权。

* * *

除了召集和指出问题之外，我们还给领导的决定性角色加上倾听。倾听可能是领导者能够采取的最有力的行动。领导者始终会处在要说话的压力之下，但是，如果构建社会结构是重要的，而且目标是持续不断的转变，那么，倾听就成了一项更重要的服务。

这种类型的领导力——召集、列出问题和倾听——是修复型的领导力，它产生能量，而不是消耗能量。正是领导力创造了问责制，因为它让人们勇敢面对他们的自由。这样一来，以参与为中心的领导者让餐桌和街角的民主得以实现。

实例：芬德利之家

"七山"是辛辛那提西区的一个街区中心。它的活动场所之一被称作"芬德利之家"，有一个项目生动说明了以参与为中心的倾听所具有的力量。故事开始时，四个"领导者"被要求与一群城市青年一起工作。故事的本质是：他们经受住了提供帮助的诱惑。

琼（Joan）和迈克尔·霍克斯（Michael Hoxsey）及格拉

琳（Geralyn）和汤姆·斯帕劳夫（Tom Sparough）是四个受过良好教育的成年白人，当时，他们在一次帮助青少年的干预行动中第一次遇到了十几个非裔美国街头青少年，这次干预行动包括这些年轻人对于人际关系的问题"应该"学习的全套课程。

这项工作刚开始不久，霍克斯夫妇和斯帕劳夫夫妇就意识到，要想给这些年轻人的生活带来改变，成年人必须试着理解这些年轻人是谁。于是他们扔掉了全部课程，决定只是和这些年轻人打成一片。他们在八个月的时间里每周倾听两个晚上。倾听很辛苦，语言很难懂，故事也令人伤心。

起初，看上去这些年轻人似乎不可接近，任何试图"帮助"他们的努力都是白费力气。而接下来，在某个时间点上，成年人的倾听产生了影响。成年人和年轻人开始互相信任对方。正如一个年轻人所写的："我这样尊敬你们，是因为你们或许是唯一真正倾听的人。每个人都想叫我们改邪归正，告诉我们如何生活。"有价值的东西构建起来了，到最后，成年人想要教的关于人际关系的那些"东西"，只是通过改变交谈的性质便教会了。

同样是在这家机构，另外有两项针对青少年的计划同时启动：普通教育水平（GED）培训和计算机技能培训。这两项计划都是从心底为年轻人着想，都有领导层认为对年轻人最好的东西。到计划的这一部分结束时，年轻人索性不再露面了。在优良领导力的传统观念下运作，GED计划和计算机培训计划都无果而终。年轻人拒绝这种帮助。

即使当那项让那些年轻人与霍克斯夫妇和斯帕劳夫夫妇走到一

起的计划结束之后，这些成年人和年轻人依然继续会面，而且，他们设法制作了一部电影，讲述的是城市青少年面对选择时的严峻考验。随着时间的推移，事实证明，霍克斯夫妇和斯帕劳夫夫妇主持的倾听和尊重计划是可持续的和持久的，年轻人决定信任他们。而且，八年后，又有一部电影，最初小组的那些人依然在彼此身边。

面对像这样的关联途径，挑战之一是：它们不好衡量。如果我们拿传统的方法来衡量这些努力的成果，我们就会看看计算机技能的改进，以及有多少年轻人拿到 GED 的文凭。对于容易衡量的预期结果，报告将会给出很低的分数。我们多半会得出这样的结论：年轻人不想学习。我们不会认为计算机培训和 GED 课程在领导力上失败了——那对我们当前的想法，将是一个太过强烈的指控。

对于霍克斯夫妇和斯帕劳夫夫妇的工作，其社会结果很可能根本不会得到评估的重视，他们的领导风格也不会表现为一种积极因素。传统的衡量方法会忽视人性的本质和克制，正是这些导致了转变：一群非裔美国青少年发现，他们可以信任那四个处在领导位置上的成年白人。

当选官员的召集能力

就我们如何思考领导力和召集行为而言，当选官员是一个特例。我们让当选官员扮演了一个困难的角色。我们把他们扭曲为服务提供者和供应商。我们和他们打交道时仿佛我们是消费者，而不是居民。我们想让他们为我们解决那些原本应该由我们自己来解决的问题。

在消费者模式中，当选官员的存在是为了满足居民的要求，这个模式对社区是有害的，即使居民喜欢它。当选官员是居民的合伙人，而非供应商。当选官员可以履行的最有用的职责是让居民聚集到一起。他们有这种召集能力，一个城市里的其他任何人都没有，但对这一能力的利用严重不足。如果当选官员不把这个角色作为他的首要角色，我们可能依然偶尔要求他们通过某项服务于我们的立法或法令，但这应该是例外。如果我们继续把当选官员的角色主要定义为立法者的话，那么我们将不得不忍受他们的生产力所带来的结果。

实例：科尔德斯普林斯（Cold Springs）

马克·斯托贝尔（Mark Stoeber）是肯塔基州科尔德斯普林斯的市长，那是一个最适宜居住的小镇。在某个时间点上，他认识到，他所收到的市民投诉不需要一个当选官员来解决。例如，他刚刚得到一个街区对某人的狗的投诉。马克断定，这宗关于狗的投诉是邻里之间缺少连接性的一个征候。将狗的行为作为幌子，他要求一位市民来他家里和其他邻居举行一次集会。邻居们如约而至，包括狗的主人，他们达成了一个协定。社会结构变得更坚固了一些。市长继续去忙别的事情。

一年后，决定采取另一个步骤，要求大约二十个社区领导者与市政委员会的成员进行一次交谈。他们在市政委员会的会议室里集会，但不是以通常的格局。在科尔德斯普林斯，正如在大多数城市一样，市政委员会坐在一个讲台旁，而市民们坐在更低一层的座位上。而这次集会，每个人在市政委员会的会议室里，一圈圈地围坐在相同高度的椅子上,他们把自己分成一个个小组,与最不熟悉的人坐在一起,谈论我们正在这里讨论的一些问题:城市面临的抉择关头,城市及其市民的主要天赋,对所有正在真正改变的事物的疑虑,对城市未来面临的需求的看法,以及他们必须参与到什么样的承诺中以吸引更多的人来发展这个叫作科尔德斯普林斯的可能性。

这是一个很小的却有象征意义的开端,一个当选官员决定,本城未来的经济发展和生活质量取决于其市民关联性的质量及其把边缘之人带入中心的能力。

地方政府有两项主要责任。一项是维持和改善其社区的基础结构:道路,交通,运输,公共安全,法规实施,经济发展,总体规划,环境,以及诸如此类。城市管理者和公仆都在这方面受过良好的训练,而且大多数人都表现不错。

另一项是建设社区的社会结构。官员处在关键的位置上,可以让市民们参与到城市的福利中来。做这件事情所面临的挑战被它经常使用的结构所强化。典型的参与形式是市政委员会的会议、公开听证、街区峰会、市政厅集会,以及他们参加的各种演讲活动和特色活动。

这些集会的当前结构中,没有什么东西鼓励居民互相连接,或作为未来的生产者参与进来。居民是作为批评者和消费者到场的。

对地方政府来说,要构建社会结构并为修复型社区创造语境,居民参与的形式就需要从家长制的消费者模式转变为利用小组的激励力量的合伙者模式。

领导力主要涉及召集，这一观念很难被人接受。它攻击的是我们想投射到领导者身上的英雄形象。我们想要相信的是，领导者创造追随者。尤其是当我们选择领导者时。这个观念需要我们把家长制的养育从权力中剥离出来。领导的任务是关心共同利益，关心所有人的福祉。毫无疑问，这项任务有一些特殊要求。社区往往取决于领导者的思考和集体意识。这就是我们想要推进的东西。

第 9 章 | 小组是转变的单位

未来是一次一个房间、一次一场聚会创造出来的。每次聚会必须成为我们想要创造的那个未来的一个范例。这意味着，小组是转变发生的地方。当足够多的小组参与进来导致更大的改变发生时，大规模的转变便随之发生。当小组作为更大规模聚会的组成部分而聚集时，它们便有了最大的影响力。在这些时刻，居民们体验到了小圈子的亲密无间，并同时意识到他们是一个更大整体的组成部分，这个更大的整体和他们有着共同的关切。

小组通过某些类型的交谈而获得力量。为了建设社区，我们寻求这样的交谈：人们到场是通过邀请，而不是根据命令，并体验一种亲密而可靠的关联性。我们让这些交谈聚焦于社区的可能性，并让这个地方的所有权发生改变，即使是别人在负责。我们这样构建这些交谈，使得思考的多样性和异议有了空间，作出的承诺不需要交易，每个人和我们社区的天赋都得到认可和重视。

* * *

在我们聚集的那些时刻，社区转型采取了最清晰可见的形式。正是当人群在一个房间里聚集起来的时候,语境的改变才被注意到、被感觉到,并得到增强。这意味着,每次聚会作为未来的一个重要指示器,都有着特殊的重要性。每次集会或每个特殊事件都是可以改变语境、构建关联性、引入新交谈的地方。我们聚集的时刻,正是我们对于我们究竟生活在何种性质的社区得出结论的时候。

我们一次一个房间地改变世界。今天的这个房间成了我们想要居住其中的那个未来的范例。在我们此刻所在的房间里创造归属体验成了关键点,亦即,我们构建同等地位之人和领导者的集会的方式,跟我们为之走到一起的问题或关切一样至关重要。

《罗伯特议事规则》(*Robert's Rules of Order*)描述了一个传统的集会结构。它在效率和控制冲突上是很好的,在缓和活力上也很好。即使《罗伯特议事规则》不适用的时候——大多数时候不适用——我们的集会通常主要关注解释、说服和问题解决,而不是参与,而且通过集会这种方式,它们也耗尽了我们的活力。对社区建设来说,我们想要对那些创造活力的东西给予的关注,就像我们对语境——它通常耗尽活力——给予的关注一样多,甚或更多。

创造活力是至关重要的,因为在我们的聚会中,我们对改变语境和公共交谈有最大的控制力和影响力。有一点倒是真的,另外一些因素,比如媒体资讯和公众人物的政策立场,也大有关系。媒体对我们的社区叙事和社区体验有很大影响。公共政策可以让我们要做的事情更容易或更困难。但大多数想要一个别样未来的居民,包括一些社区领导者,都对这些因素没有多少短期控制权。然而,当居民听和说的方式出现改变时,最终,媒体言说和公共人物立场的语境也会有所改变。

因此，喜欢也好，不喜欢也罢，我们设计我们聚会的方式是我们让真正的社区成为可能的唯一方式。此时此刻我们所处房间之外发生的每一件事情都是一个抽象概念，并把我们带入关于抱怨和一厢情愿的想法的交谈中。抱怨中没有力量，也没有权力对谁应该在房间里进行更多解释和思考。这些交谈是阻止居民获取力量和采取行动的手段。

小组的力量

所有改变都包括一个或多个小组中的工作，这就是我们为什么使用"小组是转变的单位"这个简略句子的原因。小组是这样一种结构：它使得每一个人的声音都能被听到。正是在三至十二个人的小组中，亲密无间被创造出来。这种亲密无间的交谈让这个过程成为个人化的。它提供了让人们能够战胜孤立并体验到一种归属感的结构。即使我们可能处在一个有很多我们不会再遇到的人的房间里，通过与我们的小组中的少数几个人进行亲密接触，我们也能与其他所有人都连接起来。

因此，小组是我们自己的个体存在与更大社区之间的桥梁。在小组讨论中，我们发现，我们自己的关切比我们所想象的更普遍。我们并非形单影只，别人至少可以理解我们心里想什么——即便不同意我们的观点，这个发现正是创造归属感的东西。如果这事发生在相同的地点和时间，发生在更大的社区面前，那么，集体可能性便开始成形并经久不衰。小组——我们当中三个人在一个充满其他小组的空间里交谈——是我们想要居住其中的更大生活和更大世界的一个近在手边的范例。那一刻，它是一个证据，证明改变是可能的。

小组的力量怎么强调都不过分。当居民以小组的方式坐在一起时，某件近乎神秘的——但肯定是神奇的——事情要发生，因为他们互相之间常常比在其他场合更加真实可靠，更具私人性。设计小组交谈（稍后更多地讨论这个问题）是如此简单，以至于很少受到它原本应该得到的关注和重视。

当事情进展并不顺利时，小组还提供了自我纠正的品质。在任何聚会中，总是有陷入困境的时候。活力很低，房间里多半有怒气或犬儒主义，或者只是困惑迷惘，我们拿不定主意要做什么。在几乎每一种情境中，最好的途径是信任居民能够识别并陈明正在发生的事情。所需要的只是人们组成三四个人的小组，讨论正在发生的事情并在十分钟内汇报。这不需要很复杂。简单地说，"组成四个人的小组，谈论这次集会如何进行，以及我们在何种程度上得到了我们为之而走到一起来的那个东西"。

在做这件事情的时候，我们要求社区为这次聚会的成功负起责任，并表示我们相信他们的善意，即使他们对正在发生的事情感到灰心丧气。这一行动是把权力和责任从领导者转到居民身上的一种方式；在大多数情况下，居民将会辨别出需要发生什么才能让行动回到正轨。做这件事情就是承认至关重要的智慧存在于社区中。

要点是，每次大规模群体集会都要用小组来创造连接，并把行动向前推进。尽管这看起来明显，让我吃惊的是，有太多事件和聚会并没有做到这一点。我们出席过多少这样的会议、峰会和事件，小组讨论在那里被降级，放在中间休息的时间，因此要靠运气吗？

大群体的作用

在房间里有超过 20 人的聚会中——我称之为大群体——我们需要从小组到大群体之间来回移动。如果房间里有 1 000 人也是一样。必须有这样的时刻：整个房间听取个体的声音，以及其他小组正在谈论什么。坚持"作为宇宙缩影的房间"的隐喻意义，当人们与大群体分享时，他们就是在与世界分享。

这些是个体有机会对某个东西表示支持的时刻。所以，作为聚会的更大目标的一个象征，一个人对整体发言确实需要起身站立。当他们为了自己而"站出来支持"某个东西的时候，他们是在为了房间里的所有人而支持。当每个人站起来的时候，我们问他们的名字以便可以知道他们的立场。

一个有归属的地方是一个所有声音都有价值的地方，所以我们需要确保居民的声音获得像领导者的声音一样的技术支持。当人们对大群体发言时，他们的声音需要放大，好让所有人都能听见。我们相信居民声音的重要性，这一信念取决于一个看上去似乎很次要的问题：一个麦克风对所有选择发言的人可用。

有一个麦克风供居民使用，他们不得不走到麦克风前，甚至要排队，这倒不算什么。大多数公共集会上领导者都有自己的麦克风，居民则要走到共用麦克风前。这种不平等的布局充分说明了究竟谁重要（领导者），并因此表明未来究竟掌握在谁的手里。胡安妮塔·布朗和戴维·艾萨克斯表达了一个深刻的洞见：每个瞬间都是方法和隐喻的组合。看上去似乎是很小的程序问题或技术问题，由于其隐含的寓意，实际上比我们想象的重要得多。人们声音的放大是一个很好的例证。

随着时间的推移我才慢慢明白，小组和大群体体验的结果主要取决于一组我曾经认为是偶然的细节，正如这里提到的实例中那样：人们说话的时候站着，声音被放大，以便居民的声音就像领导者的声音一样清晰可闻。

另一个例证是：要求对整个社区发表一段有力陈述的人缓慢地再说一遍。他们代表其他所有默不作声的人发言，这样一来也就代表整体发言。可能有一些神圣的时刻，重复是为了表示尊重。还有一个细节也是沿着这些路线：当人们在一个大群体中发言时，需要承认他们要拿出勇气才能大声说出来。

这种身处群体的方式，大多是一种刚刚出现的却已牢固确立的方法的组成部分，它常常被称作大群体干预（large group intervention）。这些干预在第一章已经指出过了。整个这本书的意图是要把原本是服务商技术的那种东西带入标准的、日常的领导实践中，并强调这些实践的潜在力量。

一对典范

迈克·麦卡特尼（Mike McCartney）是夏威夷的一个长期领导者。作为其民主党工作的组成部分，他的承诺是要改变那里的政治辩论的性质。他不知疲倦地努力把当选官员重新构造为公仆领导者，让交谈从问题和党派性转变到整个社区的福祉。另一个理解他的领导者是吉米·富山（Jimmy Toyama）。他也是一个对政党在社会中所扮演的角色拥有更宽阔视野的领导者。说其主要目标是赢得选举,是一个太小的目标。吉米举行了一系列会议,为的是给民主党创造关于可能性的交谈。参与者分成小组与那些他们最不了解的人进行关于天赋、所有者身份和承诺的交谈。吉米不再是党的主席,但依然献身于在夏威夷建设社区的工作。

有价值的交谈

说未来取决于我们之前从未有过的交谈,意思并不是说任何新的交谈都很重要。那么,何种特殊性质的交谈才能创造关联性和责任感——这些是修复型语境的核心?

要创造一个有责任感和归属感的社区,我们寻求这样的交谈,在这些交谈中,下列几项都是真的:

一种亲密无间、真实可靠的关联性被体验。

世界通过邀请而非命令来被改变。

焦点是社区的可能性。

这个地方的所有者出现了改变,即使是别人在负责。

思想的多样性和异议获得了空间。

作出没有交易的承诺。

每个人的和我们社区的天赋得到承认和重视。

有一些特殊的交谈是社区转变的中心。正是当我们选择谈论邀请、可能性、所有者身份、异议、承诺和天赋的时候,转变才发生。这样的言说和倾听是语言学的改变,并改变语境,而正是通过语境的改变,社区才能得以修复,传统的问题解决和发展才能有所作为。

103　关于创造新的交谈，有过大量的著述和实践，它们全都很有价值，并把握了这里将会赋予的同样的精神。很多著述谈到了以构建关系的方式处理困难的交谈，以及进行对一个组织的成功来说至关重要的决定性交谈。某个时期有一场重要的对话运动，以帮助人们理解他们自己的心理模式，以及更深入地倾听，作为一次调查行动。

　　这里提出的交谈类型有点不同，并将在接下来的三章里得到更深入的探索，因为它们的目标是建设社区，而其他的很多交谈，其目标是个人发展或改善关系。而且，这些关于社区建设的交谈是针对责任和承诺的问题而专门设计的。除此之外，面向改变交谈的所有活动都极其有价值，全都服务于以积极的方式改变世界。

第 10 章 | 疑问比答案更有转变的力量

我们现在可以具体谈谈定义那些创造信任、责任和连接的交谈。这是一个富有生产力的社区的本质。传统的交谈试图解释、研究、分析、定义工具和表达改变别人的愿望，但不是很有力。它们实际上是想要维持控制权的形式。如果我们坚持这样的交谈，它们就成了对未来的一个限制，而不是一条通道。

当居民通过可能性、承诺、异议和天赋而互相参与的时候，未来便被带入了现在。疑问打开了通向未来之门，比答案更有力，因为它们要求参与。参与是创造责任感的东西。我们如何构造问题是具有决定性的。它们必须是有歧义的、个人性的和有压力的。我们引入疑问的方式也很重要。我们通过陈述这次交谈有什么是不同的，有什么是独一无二的，来指出疑问所呈现的差别。我们允许有不受欢迎的答案，并使人们对建议和帮助免疫。建议被好奇所取代。

* * *

这里的主要议题——转变和修复通过语言的力量而发生，以及我们互相之间如何言说和倾听——有点抽象。理论很好，但在操作上此事是如何发生的呢？充分实现这一观念的影响意味着什么？

106 我们先从下面这个认识——在一个基本层面上——开始：我们需要一次新的交谈。有人会说，我们已经有了这些交谈。或许是吧，但是，即便所有者身份、异议、天赋、承诺和可能性在议程上，也很少以导致真正改变的方式追求它们。我们要识别出进行这些交谈的一种方式，以便创造新事物的机会有所增长，以便它们拥有我们所寻求的"活力的特质"。

交谈更多的不是关于社区的未来，而是关于未来本身。关于这一点，一条平行的思考路线是考量瑜伽练习的意义。任何一个刚开始练习瑜伽的人做各种姿势都很费劲，不禁感觉到力不从心，对自己的身体产生怀疑，并思考：练习的目的究竟是不是它所产生的核心力量和柔韧性。我们被告知——并有所醒悟——就连我们呼吸的方式也可以是一条通往更好生活的途径。

所有这一切都是真的，但更伟大的洞见——元目标（meta-goal）——是认识到"你如何对待那块垫子，就是你如何对待生活"。瑜伽练习本身就是你的生活。养成良好的姿势、呼吸和柔韧性只不过是额外的好处。突破点就是你做练习本身的方式，而不是未来实现更好状态的某个瞬间。

某些交谈同样如此。在修复语境——可能性、慷慨和天赋的语境——中进行这样的交谈就是转变，正如那些交谈可能把你带向的任何地方一样。这为治愈征候、碎片化和破裂创造了条件。只有在这一语境和社区活力之内，我们解决问题的技能才会发挥作用。

激发责任和承诺的交谈，最好是通过决定重视疑问超过答案，并选择给予疑问的思考就像我们传统上给予答案的思考一样多。

疑问的构建

疑问是参与的基本工具。它们是我们所有人用来勇敢面对我们的自由的手段。在这个意义上，如果你想要改变语境的话，那么就得找到有力的疑问。

疑问为新事物的出现创造空间。答案，尤其是那些回应我们对快速结果的需要的答案，在令人满足的同时，也关闭了讨论的大门，未来被关在了里面。大多数领导者在提供答案上受过良好的训练，对于疑问的使用依然有点冷淡和天真。你看见过多少 PowerPoint 演示被答案、蓝图、分析和建议的洪流所淹没？你见过有多少人提出疑问？

让我们对疑问不耐烦并渴求答案的是：我们混淆了探讨疑问与并无意义的交谈，亦即意见、立场、论证、分析、解释和辩护，这样的交谈让我们对居民聚集起来创造某个东西感到绝望。那些触发意见、论证、分析、解释和辩护的疑问没有多少力量。有意思的是，大多数我们出席的集会和我们参与的交谈都有这些品质。它们或许很有趣，但有趣和有力是两回事。

相对于有趣的疑问，有力的疑问是那些在回答的过程中产生责任和承诺的疑问。它们是那些把我们带向有力陈述的疑问，只是在言说上。这些陈述是请求、提议和宣告，以及对宽恕、表白、感激和欢迎的表达，它们全都是值得铭记的，有着转变的力量。

没有强有力的疑问，我们就会与那些可能出席聚会但不一同参与创造事件价值的人成为同谋。要点是，我们提出的问题的性质要么让现有系统依然在位，要么把一个不一样的未来带入房间里。所以，我想更详细地区分力量很小的疑问和力量很大的疑问。

提醒一下：光有疑问是不够的。语境很重要。人们带入房间里的思维模式很重要。人们如何来到这个房间很重要。房间本身很重要。人们互相之间如何说话的社会结构很重要。领导者/召集者的行动很重要。但此时此刻，还是让我们关注疑问吧。

> 问题是致命的。它们决定目的地。它们是命运从中发出召唤的房间。
>
> 戈德温·拉茨瓦约
> (Godwin Hlatshwayo)

力量很小的疑问

现有的叙事是围绕一组传统疑问来组织的，这些疑问没有多少力量来创造一个不一样的未来。它们是这个世界一直在问的问题。不难理解我们问这些问题，但它们并没有携带力量；在问的时候，对于引导出究竟是什么首先引发了疑问，每一个这样的疑问都是一个障碍：

我们怎么让人们更加投入？

我们怎么让别人更负责？

我们怎么让那些人负起责任？

我们怎么加入我们的构想？

我们怎么让那些人改变？

它的成本几何，我们到哪里去弄钱？

我们怎么谈判来争取更好的东西？

什么样的政策或立法会推动我们的利益向前？

它在哪里发挥作用？否则的话谁来解决这个问题，我们怎么引入那样的知识？

我们怎么找到并发展更优秀的领导者？

这些人为什么在房间里？

如果我们从提问的语境来直接回答这些疑问，我们就是在支持这样一种思维模式：一个不一样的未来可以通过谈判、命令、设计和控制来实现。它们要求我们更加努力地做我们正在做的事情。它们还让我们继续彼此分离，并加深我们的孤立。

这些疑问中的隐藏议程是要维持支配地位并做正确的事。它们敦促我们提高标准，更仔细地衡量，并回到基本问题，据说是要创造责任。它们实际上并不是要回到基本问题，而是要回到让我们来到这里的那些东西。这些疑问没有力量，它们只是携带强制力。

所有这些疑问都保护那个提问题的人的清白。它们暗示，那个提问题的人了解情况，而别人都是要解决的问题。这些问题都表达了这样一个信念：可以依靠使用强制力来让这个世界变得不同。当我们对自己的力量和我们社区的力量失去信任时，它们便出现了。

那些旨在改变别人的疑问是错误的问题。之所以是错误的，并不是因为它们无关紧要或者是基于邪恶的意图，而是因为它们巩固了问题解决的模式。这些疑问正是我们试图改变的事物的原因：我们社区的碎片化和惩罚特性。关于标准、衡量和别人身上需要的改变的交谈摧毁了关联性，而且，正是通过这种方式，它们对归属和社区发挥了不利的作用。

这些疑问也是对想要创造一个可预期未来的愿望的回应。我们拼命想要消除未来的不确定性。但是，拿掉不确定性之后，它就不再是未来了。它是向前投射的现在。任何新事物都不可能来自对一个可预期明天的渴望。要让明天可以预期，唯一的方式是让它恰好就像今天一样。事实上，把未来区分开来的东西，正是它的不可预期和神秘。

力量很大的疑问

实现责任和承诺需要使用某些问题，正是通过这些疑问，在回答它们的过程中，我们成了世界的联合创造者。我们对这些疑问给出的答案并不重要。疑问本身有一种影响，即使回应是拒绝回答它们。

不妨更戏剧性地陈述这一点。有力的疑问是这样的：一旦你回答它们甚或思考它们，你就立即成了一个行动者。你再也没有做一个看客的奢侈，去冷眼旁观你所心的，无论什么东西。不管你如何回答这些疑问，你都是有罪的——作为一个行动者和这个世界的参与者。这不是一个令人愉快的想法，但在我们接受这个观念的那一刻，我们就创造了世界，我们就有力量改变世界。

有力的疑问还表达了这样一个现实：就像生活一样，改变很困难，而且不可预期。它们开启交谈——与那些其本身在某种意义上就是伪装成答案的疑问形成鲜明对照。伪装的答案压缩和控制对话，因此也压缩和控制未来。

我们可以概括出定义大疑问的特征，这让我们不仅有能力记住一份清单，而且还可以创造我们自己的有力疑问。

一个大疑问有下面这三个特征：

它是有歧义的。 没有人试图准确定义这个疑问的意思是什么。这要求每个人把它们自己的个人意义带到房间里来。

它是个人性的。 从中产生的一切激情、承诺和连接都是最具个人性的。我们需要为个人性创造空间。

它引发焦虑。 一切要紧的事情都让我们焦虑。正是我们想要逃离焦虑的愿望偷取了我们的活力。如果疑问没有锋刃，也就没有力量。

疑问本身是一种值得毕生研究的艺术形式。它们是改变时间的那种东西。这里有一些疑问，它们有能力为一个别样的未来开拓空间：

你认为把你带到这个房间里的承诺是什么？

今天到场为什么对你很重要？

你或别人为了今天出现在这里而付出了什么样的代价？

你打算让这一努力有多少价值？

在游戏的这一阶段你面对的抉择是什么？

关于这个社区的问题，你不停地讲述的故事是什么？

你所拥有的，并没有完全带到这个世界的天赋是什么？

对于你所抱怨的那件事情你的贡献是什么？

关于你或你的团队、小组或街区，有什么不为人知的东西？

这些疑问有能力推动事情向前，在接下来的几章里，我们将更深入地探讨它们，以及其他问题。通过回答这种性质的疑问，我们变得更负责任，更投入，更敏感；而且，当我们互相向对方说出我们的答案时，我们就变得更亲密，连接得更紧密。把所有这些疑问绑在一起的东西是，在问这些问题的时候，它们要求我们是个人的、敞开的和脆弱的。这些是归属的黏合剂。我们之间的连接会更紧密，即使我们选择不回答这个疑问。

构建是一切

一旦我们有了一个疑问，就有一种方式来构建能够产生重大影响的交谈。语境在每个层面上都是决定性的。如果交谈没有被清晰地、有意识地构建起来，老的交谈就会出现。要启动新的交谈，我们必须给出理由，我们必须提醒人们当心，不要让老交谈的那些局限出现——换句话说，我们必须避免寻找解法和给出建议。

构建就像疑问一样重要，因为它提供了语境。提醒一下：我们正在为之创造空间的语境是关联性、责任感、天赋和慷慨。做到准确构建是领导的一项基本任务。没有一个清晰的构建，居民每一次都会回到默认交谈。构建让我们不受谈论匮乏与依赖的力量和习惯的影响。开始谈论需要更多的经费、希望有更好的领导、媒体的力量，以及别人多么需要改变——这太有诱惑力了。

构建有四个要素：

* 指出区别。
* 允许不受欢迎的答案。
* 避免建议并以好奇心取而代之。
* 先问风险更低的疑问。

指出区别

每个疑问都有一个特征，把自己与默认的思维模式区别开来。让这一区别变得清晰至关重要。例如，如果人们愿意作为本次聚会的"所有者"加入我们的行列，而我们想要勇敢面对这样的意愿，我们问："你计划在这一事件中得到一次有多少价值的体验？"这个疑问区别于"你想要一次有多少价值的体验？"或者"你认为这会是一次有多少价值的体验？""计划""想要"和"认为"之间的区别，就是选择、一厢情愿和预期之间的差别。想要有一次良好的体验并不意味着我们选择它。我们可以预测这次体验将会有多少价值，但这一预期让我们以一种等待的立场：看看这个世界会给我们提供什么。

愿望或预期中没有力量；力量在抉择中。即使我们说，我们计划这次体验毫无价值，我们也是站在所有者的立场上。很难表达的是，所有者身份比结果更重要。如果我说，我计划某个东西不是有价值的，我是作为所有者而到场，而且这会让一个不同的未来得以出现。在我作为一个所有者到场的那一刻，我也就重申了我在本社区的完整的成员身份。

每个社区建设疑问都涉及创造一个强有力的区别，正如在所有者身份的实例中那样，而且，每一次，区别必须被指出。在每一次交谈中，问题是一样的：为了整体的福祉而走向选择和责任。就所有者身份而言，区别是在计划与愿望或预期之间。如果我们不知道让疑问变得有力的区别，我们就不应该使用这个疑问。

允许不受欢迎的答案

当你向人们问一个疑问时，他们习惯于为了归属而寻求一个觉得很好或很适合的正确答案。通过列举可能不受欢迎的答案并支持他们的表

113

达，来鼓励他们诚实地回答。

例如，关于所有者身份的疑问，不妨让他们知道，回答说他们计划这将是一次非常糟糕的体验，也是一个很好的答案。确切地说，"如果你计划这次集会是浪费时间，那么就在7个等级中给它评个1级，在这里1级是厌恶，7级是赞叹。对你来说，宣布你此刻身在何处比展示乐观更重要"。我们在乎的只是人们拥有他们的体验，而不在乎这个体验是不是一个良好的体验。

创造一个不需要建议的地带

我们必须告诉人们不要乐于帮忙。试图乐于帮忙并给出建议，实际上是控制别人的途径。建议是交谈的一个阻碍者。在社区建设中，我们想用好奇心取代建议。不号召行动。不问他们要干什么。不告诉人们你在过去如何处理相同的关切。不问其中隐藏着建议的疑问，比如："你是否想过和那个人直接说话？"

居民常常会征求建议。征求建议是交出自己主权的一种方式。如果我们对这一请求作出让步，我们就会——在这个小小的实例中——凿实他们的奴性，以及他们的这样一个信念："我们没有能力利用自己的资源创造世界。"更重要的是，我们支持他们逃避他们自己的自由。

建议——即便是人们征求建议——还颠覆关联性。相反，要敦促人们互相问对方："为什么那对你意味着如此之多？"当他们回答时，再问一遍

> 压迫者与被压迫者之间关系的基本要素之一是规定。每一种规定代表着把一个人的选择强加给另一个人，这样就把接受规定者的意识改变为一种与规定者的意识相一致的意识。
>
> 保罗·弗莱雷：《被压迫者的教育学》（Paolo Freire, *The Pedagogy of the Oppressed*）

同样的疑问："为什么那对你如此重要？"这个疑问——"为什么对你很重要？"——是你所能问的最亲切的疑问。它意味着，我对你作为一个人感兴趣。建议和帮助就是这样被好奇心所取代。未来取决于这个问题。建议、劝告和明显的行动，恰好就是增加明天就像昨天一样的可能性的那种东西。

先问风险更低的问题

某些疑问比其他疑问需要居民之间更高水平的信任。一个好的设计从不那么费力的问题开始，到更难的疑问结束。关于所有者身份、承诺和天赋的交谈是高风险的，需要更大的信任才有意义。关于抉择关头、可能性和异议的讨论更容易一些，出现得更早一些——在后面几章中，这一点将变得更加清晰。

实例：可能性高于问题解决

作为俄亥俄州哥伦布市的一名基金主管，菲尔·卡斯（Phil Cass）是一个小组的成员，该小组把本书中的很多观念带入健康医疗辩论中。使用一套欧洲发展出来的被称作"主持的艺术"（Art of Hosting）的方法，这个小组创造了一系列交谈，让几百个居民参与到重新想象并最终改革健康医疗中来。他们对疑问的重要性及如何构建交谈的理解产生了一些有着深远结果的聚会：交谈从如何改革现有保健体系，转到如何创造一个培育社区中每个居民的健康和福祉的体系。犬儒主义者会说，这不过是语义学而已。相信未来即将被创造出来的行动主义者会知道，转变已经开始。

小结 | 六种交谈

在我让这些观念变得更具体有形之前，在这里对我们正在创造的那个更大故事进行快速回顾：

有力的疑问为我们提供了创建一个责任和承诺扎下根来的社区的方法。要理解人们以那种构建关联性——而关联性反过来创造出居民选择责任和承诺的社区——的方式聚集起来所使用的手段和建筑学，这些有力的问题是一个关键。正是这个，战胜了我们的碎片化，减弱了我们的这样一个趋势：要求那些对我们来说基本上是陌生人的人做出改变。

思考遵循下面这个逻辑：为了一个不一样的未来，应该采取的策略是聚焦于改变语境、构建关联性以及为一个更有目的的可能性创造空间的方式。

这一策略赋予下面这个观念以形态：如果你能改变这个房间里的语境和关联性，你就改变了整个世界的语境和关联性，至少在此刻。

我们改变这个房间的方式是通过改变交谈。不只是转变为任何新的交谈，而是一次创造社区责任和承诺的交谈。这一新的交谈几乎总是以一个疑问的形式开启。

我们要避免"只是说话"（Just-talk）的交谈。某些交谈是令人满意的和真实的，但它们没有力量，也不需要责任。

例如：

讲述我们如何来到这里的历史

给出解释和发表意见

责怪和抱怨

报告和描述

仔细地定义术语和条件

反反复复讲述你的故事

寻求快速行动

这些都是传统的交谈，常常通过商讨、媒体发布、训练、总体规划，以及要求更多的研究和专业知识来进行。它们有良好的意图和表面上的正当性，但并不改变任何东西。我们想要看到改变的大多数东西已经被解释、抱怨、报告和定义了几十年。

"只是说话"型的交谈可以帮助我们建立连接或增加我们对我们是谁的理解，但我们多半是出于习惯而忍受它们，因为它们在我们文化的社会习俗中是如此根深蒂固，以至于要是没有它们，我们会想念。但它们对转变没有任何贡献。下面这样的交谈比"只是说话"产生更多的东西：

邀请

可能性

所有者身份

异议

承诺

天赋

其中每种交谈都会引向另外的交谈。任何一种全心全意进行的交谈都会将我们引向其他所有交谈,并且为其他所有交谈引出答案。当其中任何一种交谈缺席时,它就只是说话,不管起因多么急迫,计划多么重要,答案多么讲究。

第 11 章 | 邀　请

　　创造负责任的、好客的社区的六种交谈当中的第一种是邀请。一旦邀请交谈发生，我们接下来就是关于可能性、所有者身份、异议、承诺和天赋的交谈。

　　邀请是一种手段，好客通过这一手段而被创造出来。邀请与下面这个传统信念背道而驰：改变需要命令或说服。邀请尊重选择的重要性，而选择是责任感的必要条件。我们首先从"我们想让谁进入这个房间？"这一疑问开始。对于开头的人，我们想要那些从前并不在一起的人。然后，我们把一次邀请的六个要素包含进来：指出我们为之召集的可能性，弄明白我们邀请谁，强调到场的选择自由，具体说明对每一个选择出席的人有什么要求，提出一个清晰的要求，让邀请尽可能个人化。

* * *

　　当我们为构建归属而进入交谈时，有一个警告是：现实生活是迂回的，它并没有发展出出现在纸面上的那种交谈方式。除了邀请之外，决定要进行哪种交谈，以何种顺序，都会随着聚会语境的不同而变化。由于所有交谈都互相成就彼此，顺序并不是关键性的。然而，这里及下一章所描述的交谈都以符合人们经验逻辑的粗略顺序出现。

交谈一：邀请

好客，欢迎陌生人，是修复型社区的本质。历史上，如果陌生人敲你家的门，你会自动地邀请他们进来。你会让他们吃饱喝足，并提供一个睡觉的地方，即使他们是你的敌人。只要他们在你家里，他们就是安全的，不会受到伤害。你对待他们仿佛他们属于这个家，而不管过去如何。这是我们正在寻求的修复型语境。我们的好客始于一次邀请。邀请的对象是那些对你正在想象的未来感兴趣的人——所有有这个兴趣的人，不管是志趣相投的人、陌生人、利益相关者、对手，还是你并不认识的人。你邀请谁进入房间是一个重大抉择。

为了邀请的交谈是决定让其他居民参与进来，成为我们致力于的那个可能性的组成部分。邀请本身是一个慷慨之举，纯粹的邀请行为可能比聚会中发生的任何事情都更有意义。甚至对于那些并未到场的人也是如此。

一次邀请不只是请求出席；它是一声召唤，号召人们创造一个不一样的未来，加入我们所宣布的可能性中来。疑问是："我们可以发出什么样的邀请，让人们参与创造一个具有连接性和目的性的社区，而不管他们的故事或过去的行为如何？"

邀请型交谈的特点

这里的差异存在于邀请和实现改变的更典型方式之间，后者的特点是：命令和说服型的推销。相信命令和说服触发了关于如何改变别人、如何让那些人加入、如何展示一项要求的交谈，这些全都只是被我们想要控制别人的欲望所驱动的疑问。对于一次邀请，截然不同的是：它可以被拒绝，拒绝的人不会付出任何代价。

一次真正的邀请并不承诺激励或报偿。提供诸如门口领奖、礼物或名流出席之类的激励，会降低那些被邀请之人的选择的明确性。缺少诱惑保持了公平竞争的环境。当我们试图通过强力推销或有蛊惑性的语言诱惑人们到场时，我们是在给人们接受邀请增加微妙的压力，这个压力以一种细微却重要的方式模糊了自由做出的决定。

戴维·伯恩斯坦的研究描述了如何仅仅通过选择而让真实的改变发生。社区的转变尤其如此。机构和系统可以命令雇员改变或出席，因为他们受到法律契约的约束。如果你不到场，你就违反了契约。这引起了对后果的讨论，在家长制的世界里，这样的讨论很流行。

在一个真正的社区，居民每一次都重新决定他们是否到场。当然，如果人们不到场，事情会有所不同，但我们反复不停地邀请他们。就算他们选择不到场，也没有什么后果。他们始终受到欢迎。受到像朋友和家人一样的对待。这就是志愿工作如此令人恼火的原因——你根本不知道谁会到场。可以不计后果地自由选择也是它的力量之源，因为，当人们自由决定到场时，它意味着更多的东西。

邀请的风险

邀请的焦虑是，如果我们给人们选择权，他们可能不到场。我不想面对他们缺席、谨慎、保留、消极或冷漠的现实。我不想面对这样的前景：在我们想要追求的未来，只有我一个人或我们当中少数几个人。

而且我也不想面对关于我自己的同样的事实，因为我对他们不来的担心，正是我对自己到场感到谨慎，哪怕是为了我为之献身的那个可能性。我的担心是，我所渴望的东西是不可能的，我所相信的东西是不现实的，我所寻求的世界不可能存在。于是我把自己想象为一个放错了地方的人。担心没有一个人到场，是自我怀疑、失去信心的投射。

即使当我们有权命令出席时，风险在于：当我们命令他们到场时，他们会来，而我所得到的不过是口头上的应付。他们可能不支持产生这次邀请的意图或构想。家长制的担心是，如果没有约束、激励并使用可以接受的强制力，就什么事情也做不成。家长制的论据是：总会有这样一些任务，选择——让整个人完全投入进来的另一个说法——并不需要或者不会对完成任务有什么贡献。这可能是真的，但这个观点的限制是：即使明天可能略好一点，但未来在很大程度上还是像过去一样。

邀请的激进方面

如果说社区的本质是为归属创造结构，那么，我们持续不断地邀请陌生人和我们一起，并互相邀请，进入这个圈子。邀请是我们向那些我们认为有问题的人投射的解毒剂。我们通过推己及人而收回我们的投射。我们发出邀请，面对我们自己的孤立，等待被邀请，想要别人迈出第一步，等待别人向我们伸出双手，并给予我们那颗从不在正确时刻到来的金星。这事绝不会发生，所以我们必须迈出第一步。

邀请看上去简单而直接，但事实并非如此。尤其是对于像我这样性格内向的人。每次出席社交聚会我总是很想知道我是不是度过了一个令人愉快的夜晚，每次举办社交聚会总是认为没有一个人会来。

例证：肯·墨菲，一次有目的却没有任何实际事务的研讨会

我的朋友兼客户肯·墨菲和我想为那些在菲利普莫里斯国际公司——肯当时在那里工作——从事人力资源（HR）工作的人召开一个人文系列研讨会。这个系列的意图非同寻常。它打算为 HR 构想一个新的可能性，通过从这个领域之外招募人员来做这件事。我们挑选了我们的人员：一个诗人，一个哲学家，一个剧院主管，一个即兴表演演员，一个修女，以及一个城市管理者。这不是传统的高度控制的系统内部的一个工作场所的典型人员。

我们的信念是，这些人会开拓我们的思路，为某个新事物创造空间。我们还同意，这个系列不是为了更好的表现、更高的效率或为了提供新的技能而设计的。邀请书将会宣布：我们只对新的想法感兴趣，因此不提供任何实际的东西，任何能在短期内应用于工作的东西。我们还打算声明，这一经历的关联性掌握在参与者的手里。我们不会要求小组成员确保其表现的关联性。

我们花了两年时间才鼓起勇气发出这一邀请。所有这些人都给肯干活，所以如果他只是召集一次典型的集会或培训，他们全都会来。有趣的是，像邀请看上去一样直截了当（他们要么来，要么不来），在一个家长制商业机构中给予人们实际的选择权，令人觉得像是一个激进之举。对我们每个人来说，在一件我们很在乎的事情中给予其他人以真正的选择权始终是一件冒险的事。

真心实意的邀请改变了我们与其他人之间的关系，因为我们是以平等的姿态去找他们的。我必须愿意接受否定的回答，而不诉诸各种形式的说服。兜售和引诱不会通过邀请发挥作用。它是使用邀请的语言作为一种微妙的控制形式。

这个有点纯粹主义版本的邀请提供了一个你为什么不能根据人数或规模来判断成败的理由。要求规模的压力会摧毁邀请的诚实性。让肯和我最终把我们的人文系列项目推动向前的是这样一个决定：只要有五个人接受要求，那就是一个开端并值得努力。结果，我们开放了五十个席位，立即被他们占满了。每个会期之后，反馈是一致的：多亏你们给了我独立思考并与其他人分享的空间，而用不着为了取悦团队成员而向他们保证，他们提供的东西是有用的和直接相关的。由此瞥见了自由的面孔。

作为一种存在方式的邀请

邀请不仅仅是让人们聚集到一起的一个步骤，而且还是在社区中生活的一种基本方式。它彰显了愿意以一种合作的方式生活的意愿。这意味着，创造一个大可不必强加它、兜售它或拿它做交易的未来。如果我们相信，交易或微妙的强迫是必要的，那么我们就是在稀缺和自利的语境中运作，那是经济学家的核心货币。当我们不大相信居民出于理想主义而运作的愿望和能力时，交易或强迫似乎是必要的。选择理想主义还是犬儒主义是关于人类本性的一个精神立场。犬儒主义通过把自己命名为"现实"而获得正当的理由。

对邀请的承诺是理想主义的核心策略，并决定人们到场的语境。尽管自愿的努力十分痛苦，但你会得到回报，因为你是和那些追求比自身利益更大的目标的人待在同一个房间里。他们想要出现在那里，即使人数很少。我们对于到场人数的关切只不过表达了我们自己对下面这个可能性的怀疑：被赋予自由选择权，人们就会创造一个不同于过去的未来。

邀请是一个语言行动。"我邀请你。"结束。这是一个有力的交谈，因为在邀请的那一刻，好客和选择在这个世界上被创造了出来。

* * *

邀请有一些特性，可以让它远远不止是一个简单的请求。除了陈述聚会的理由之外，一个邀请在其最好的情况下也必定包含一个障碍或要求，如果邀请被接受的话。这不是不好客，而是要让哪怕是邀请的行动也要成为我们想要体验的互相依靠的一个范例。

所以，邀请不仅仅是请求到场，而且还请求参与。它宣称："我们希望你来，但如果你来的话，对你会有所要求。"太多的领导倡议或计划是从兜售和营销的思维模式开始：我们怎么诱惑人们签字报名并对做他们可能并不想做的事情感觉良好？真正的改变是为自己的选择承担后果。为了体验他们的自由和承诺，人们必须自愿参加。不妨先从出席的决定开始，并认识到有一个代价，远远超出时间的成本，大概还有金钱的成本。

邀请名单

要想让这个世界上发生点什么不同的事情，第一个要问的关键问题是凯西·丹尼米勒的经典疑问："我们需要谁在这个房间里？"

目的是打算让人们跨越边界聚集到一起。每个召集的人都和那些与这个可能性利害攸关的人有一个关系网。挑战是要把交谈中的"别人"包括进来。我们必须丢弃我们关于过去的故事。这意味着我们要不停地邀请那些之前并没有加入交谈的人。即使人们拒绝，拒绝行为本身也是重要的，有一定的价值。

这意味着我们要持续不断地让那些从前并不在一起的人进入这个房间。在大多数情况下，这将把各领域（商业、教育、社会服务、行动主义者）的人聚集到一起，而且，更重要（尽管更罕见）的是，他们还跨越经济和社会的阶层。努力实现这一目标，大概比聚会中发生的事情更加重要。

马文·维斯伯德和桑德拉·贾诺夫在他们的著作《不要只做事，站到哪儿去！》（*Don't Just Do Something, Stand There!*）中对这个疑问给出了一个精妙的结构。当他们为了改变而召集聚会时，他们想要房间里的"整个系统"的一个范例。他们想要人们

有行动的权力——决策制定者；

有资源（比如交往）、时间或金钱；

对要考量的问题有专业知识；

有别人都没有的关于问题的信息；

有参与进来的需要，因为他们会受到结果的影响，并能够对结果发言。

关于谁去邀请的决定是领导的行动，其本身携带了一个信息。我们

邀请的很多人会选择不来。这承认，对于每次聚会，都有一些很有用却不在房间里的人。情况永远是这样。它依然意味着，不管谁到场都是正确的人。最后，那些到场的人都有一项任务：决定接下来该邀请谁。

构建交谈

邀请的基本要素如下：

* 宣布聚会的可能性
* 构建选择
* 指出障碍
* 增强要求
* 选定最个人化的形式

宣布可能性

邀请被我们致力于的那个可能性所激活。这成了聚会的理由。可能性是对召集者所致力于的那个未来的宣告。我们必须按照对可能性的陈述而努力工作，它给别人留下深刻的印象，而且还激发我们的灵感。

例证：建立一个安全的辛辛那提的可能性

哈里特·考夫曼（Harriet Kaufman）致力于一个安全的、和平的辛辛那提的可能性。她相信，需要的是一次交谈，它把暴力当作一个公共健康问题来对待。她发出了一系列邀请，邀请人们参与一次社区交谈，而且要求他们作为活跃的居民参加，而不是来听某个专家夸夸其谈。她发出邀请的那一刻，也就把她的可能性带入了社区中。

为了哈里特·考夫曼建立起一个安全与和平社区的可能性，她不停地邀请所有与和平利害攸关的人。年轻人，公共安全部门，信仰社群，父母，行动主义者，地方政府，以及诸如此类都受到邀请——每一次。她的网络中的每个人每次都受到邀请。有人到场，有人不到场，有人喜欢交谈，有人不喜欢。有人认为暴力是一个需要专家来解决的问题，或者是由青少年造成的问题，或者是由警察造成的问题。当哈里特进入房间时，安全与和平便跟着她来了。

此刻你可能会问，她得到了什么结果？实现了什么？有多少人到场？这些都是不相干的疑问。哈里特是而且一直是和平大使。这才是有意义的。

构建选择

我们必须关注我们接受拒绝的意愿和心理舒适度。这是稍后将要讨论的另外一种交谈，但现在我只说，因为邀请是真心诚意的，拒绝就必须是完全可以接受的。邀请必须给说"不"留出空间。如果"说不"不是一个选项，那么它就不是一个邀请。构建选择意味着我们需要搞清楚：我们不会让不出席产生后果，我们尊重有人决定不出席。我们选择相信别人有很好的理由不出席对我们来说很重要的交谈。要让他们知道，即使他们现在拒绝，将来他们始终是受欢迎的。

指出障碍

我们必须准确告诉人们，假如他们选择出席的话对他们有什么要求。他们将被要求探索深化其学习和承诺的方式。这里有另外一些共同的障碍应当是邀请的组成部分：计划与"别人"交锋，暂时把你自己的利益放到一边，献身于这段时间，并愿意推迟快速行动。

为了我们在辛辛那提一个区举行的一系列跨界交谈，我们要求人们推迟问题解决和利益协商。不要求他们对自己的利益或其选区居民的利益作出让步，只是暂时把这些利益放到一边。下面是邀请看上去的样子：

1. 我们聚集到一起为跨莱茵河区（一个城市街区）创造一个新的可能性。我们承诺进行一次我们此前从未有过的交谈。我们不是为了协商利益、分享我们的故事或者解决过去或未来的问题而走到一起。

2. 不要求任何人以任何方式放弃他们的承诺或利益。我们来这里不是为了决定任何事情。我们首先从下面这个信念开始：我们每个人的承诺和利益都必须得到所有人的尊重和考量。

3. 每个人都同意参加总共三次两小时的讨论。总是有紧急情况，总是有紧迫的优先事项，但是，哪怕少掉一个人，只是对于一次集会，也会极大地减少我们成功的机会。

最重要的一点是，他们被告知，他们将会被要求详尽地交谈，满怀希望地巩固他们的关系，他们将会得到一个关于那些人的"故事"。结果是不断努力地在这一地区创立一个非裔美国人区。它实际上并没有实现。然而，这次让人们聚集到一起的努力，其效应的传播超出了我们的想象。

看似矛盾的是，即使拒绝邀请没有代价，来这儿还是有代价的。一切有价值的东西都有代价。让购买价变得明确，以便到场的行动带有某种责任。

指出邀请中的障碍让我们在集会中获得牵引力。如果人们开始抱怨，坐在房间的后边，表现得他们不想来这儿，并做各种阻碍行动的很细小却很明显的事情，我们可以坚持下面这个事实：他们知道这宗交易是什么并依然到场。这让我们有权问他们：他们在这里正在干什么。它赋予我们牵引力，推动人们超越他们的典型故事。当他们对于还有谁应当改变给出他们习惯性的解释时，我们可以用新的方式对付它，因为，关于他们需要做什么，约定是清楚的。

我偶然发现过的最好的邀请——它短时间内招来了很多人——是来自欧内斯特·沙克尔顿（Ernest Shackleton）的邀请，他在20世纪头十年初为南极探险招兵买马。据说他在伦敦《泰晤士报》（*Times*）刊登了一则广告，写道："招募：去南极探险的人。报酬低。吃得差。安全返航值得怀疑。"堪称完美。据说他招来了5 000个报名者。

增强要求

邀请的最后告诉人们：你希望他们来，如果他们选择不出席，你会惦记他们，而不是忘记他们。

让邀请个人化

在一个电子的、需要速度的、文本化的和电子邮件的世界上，邀请越是个人化越好。一次拜访比一个电话更个人化；一个电话比一封信更个人化，一封信比电子邮件更个人化。一封有六个人的名字的信比一封只写给一个人的信个人化色彩更少，一封电子邮件则完全是非个人的。我们完全被电子邮件所淹没，这种媒介是如此毫无感觉，以至于我开始相信，在邀请的等级序列里，电子邮件没什么价值。但是，所有这些邀请手段都比夜里躺在床上等待天上掉馅饼要好。

第 12 章 | 可能性、所有者身份、异议、承诺和天赋的交谈

邀请之后，紧接着另有五种交谈用来构建归属、可能性、所有者身份、异议、承诺和天赋。由于所有这些交谈都指向对方，顺序并不那么重要。聚会的语境常常会决定哪些疑问该处理，以及在何种深度上处理。然而，重要的是要懂得，有些交谈比其他交谈更困难，尤其是在那些居民刚刚开始互相交往的社区。我将按照难度的升序来呈现他们，可能性通常是早期的交谈，而天赋通常是更困难的交谈。

我们这里是以独一无二的方式使用可能性这个词。可能性不是一个目标或预期，它是对一个遥不可及的未来状况的陈述。它对我们产生影响，从对个人抉择的讨论中演化而来。它是想象力的行动，想象我们在一起可以创造什么，它所采取的形式是宣布，最好是公开宣布。

所有者身份交谈要求居民行动时，表现得要像他们正在创造这个世界上存在的东西。忏悔和供认是所有者身份的宗教版本和司法版本。区别在于所有者身份与罪责之间。所有者身份提出的疑问

是："你计划这次聚会有多大价值？""我们每个人对当前状况的贡献如何？"以及"你对这个社区所坚持的故事或你在其中的位置是什么？"重要的是要看到自己的故事的局限性，因为每个故事都有报偿和成本。指出这些是创造一个别样未来的前提条件。

异议交谈为承诺创造一个开端。疑问明确地要求怀疑和保留。区别在于异议和抱怨之间。当人们表达异议时，我们需要的只是倾听。不要解决异议，不要辩解，也不要做任何解释。人们的怀疑、犬儒主义和听天由命仅仅是他们的。不要被我们所接受。异议完全不同于拒绝、反叛和顺从。用于异议的疑问涉及怀疑，拒绝，收回我们不再打算履行的承诺，承认我们缺乏宽恕，以及说出我们尚未表达的怨恨。

承诺交谈是没有回报预期的允诺。美德是美德自身的回报。承诺区别于交易。承诺之敌不是反对，而是空口白话。最有价值的承诺是对与我们同等之人——其他居民——作出的承诺。不是对领导的承诺，也不是领导作出的承诺。这些疑问是"我愿意作出的承诺是什么？"这个疑问的变体。我们必须为居民宣布这一次没有意愿作出承诺而创造空间。拒绝承诺不会让我们付出丧失成员身份或桌旁席位的代价。只有当我们不信守诺言时才会失去我们的席位。

最激进和最令人不舒服的交谈是关于我们的天赋。领导者和居民的任务是把那些边缘之人的天赋带入中心。天赋交谈是尊重多样性和包容性的实质。不是根据缺点或缺失什么来定义我们，而是根据我们的天赋和呈现什么来定义我们。对个人和对社区都是如此。当我们告诉别人我们从他们那里得到的天赋是什么时，尤其是此时此刻，归属便出现了。当这事发生时，在其他人在场的情况下，社区便构建起来了。当我们有勇气承认我们自己的天赋并把它们带入这个世界时，我们便拥抱了我们自己的天命。天赋交谈的疑问是："你所拥有的至今处在放逐中的天赋是什么？""关于你，没有一个人知道的东西是什么？""有什么样的感激尚未表达？"以及"这个房间里的其他人还有什么东西没有触动你？"

* * *

交谈二：可能性

可能性交谈让我们自由地被一个新的未来所牵引。区别在于可能性——着眼于未来的生活——与问题解决之间，后者是在过去的基础上做出改进。这一区别的价值来自这样一个理解：活的系统被未来的力量所推动。我们这里使用的可能性（谢谢维尔纳）是谈论未来的一种方式。

可能性作为一个宣告而出现，并全心全意地宣布：可能性事实上可能就是转变。领导的任务是推迟问题解决，并继续聚焦于可能性，直至响亮而充满激情地把它说出来。好消息是，一旦我们完整宣布了一个可能性，它就对我们发挥作用——我们不必对它发挥作用。

可能性交谈的特点

可能性的挑战是，它被混同于构想、目标、预期和乐观。可能性不涉及我们计划发生的事情，我们认为会发生的事情，或者会变得更好的无论什么东西。目标、预期和乐观并不创造任何东西；它们只是可能让事情变得稍好一些，并在这个过程中让我们振作起来。可能性也并不只是梦想。做梦让我们成为我们生活的旁观者或观察者。可能性创造新东西。它是一个关于未来的宣告，在那个未来，我们身心健康、充满活力，我们选择生活在其中。它被构建为我们想居住的那个世界的宣告。它是对我们是谁——超越于我们的历史，我们的故事，我们通常的人口统计——的陈述。力量在于宣告的行动。

可能性与问题解决之间的区别值得详细讨论片刻。正如我已经说过的——想必多次说过，我们传统上首先从问题解决开始，然后谈论目标、对象、资源以及如何说服别人。就连构想的创造在心理上也是问题解决的组成部分。构想是我们必须等待实现的东西，接下来常常是努力让它变得具体而实际。即便是构想——它是问题解决的一个更富有想象力的形式，也需要被推迟，并用可能性取而代之。未来的创造是通过宣告我们所支持的可能性是什么。由于这一宣告，我们每次进入一个房间，可能性也就跟着我们进入了。

社区的可能性是通过个人对可能性的公开宣告而产生的。很大程度上就像宗教集会中的见证一样。尽管每一个可能性都是从个体宣告开始，但是，当公之于众时，它就获得了力量，并对社区产生影响。社区可能性不是个体可能性的集合体。它也不是对共同可能性的协商或协议。社区可能性是一个空间或者一个能渗透的容器，在那里，一个集体为实现其所有成员的可能性而存在。这是修复型社区的真正意义。它是所有可能性都可以活跃起来的地方，它们在被宣布的那一刻活跃起来。

* * *

可能性交谈把那些边缘之人的天赋被带入中心的途径具象化。每个人的可能性都很重要，尤其是那些由于惩罚的压力而被迫沉默和边缘化的人。事实上，把社区中那些边缘之人区别开来的东西是：他们悲惨地生活着，却没有真正的可能性。对于身处边缘的很多年轻人来说，未来是狭窄的，多半是死亡或监狱。他们很难想象一个迥异于过去或现在的未来。这才是真正的悲剧：不仅生活艰难，而且这种生活还没有创造一个别样未来的可能性。

整个过程已经很清楚了：仅有可能性交谈并不能修复社区。另外几种交谈也一样至关重要。我们必须作为我们社区的所有者而行动，要有容纳异议的空间，要作出承诺，要拥抱天赋。每种交谈都从其他的交谈中获得它的生命和冲击力。即使每种交谈都通向另外的交谈，其中任何一种交谈陷于孤立都会减少真正转变的机会。

* * *

可能性交谈提出的疑问

每次聚会期间必须有一个时间段，专门用来发展私人的可能性，然后把它公之于众。这个工作最好是分两步。可能性交谈使用的最好的开场疑问是：

你在生活、工作的这一阶段，或者我们为之而聚集的那项计划中，发现自己面临的抉择关口是什么？

然后，可能性交谈使用的更直接的个人疑问是：

你可以做出什么样的可能性宣告，有力量改变社区并激励你自己？

有两个首要疑问指向未来，但不能直接问：

我们想要一起创造什么能够产生影响的东西？

我们一起可以创造什么我们单独创造不了的东西？

这两个疑问几乎定义了社区，因为社区正是这些问题被看重的地方。挑战是：在孤立和分离的语境里问到这些疑问，我从未见过人们以有意义的方式回答它们。当实际上并不互相了解的人聚集在一起时，他们没有能力以这种最直接、最有目的的形式来回答这些疑问。这就是我们需要其他交谈的原因。

交谈三： 所有者身份

责任感就是愿意承认我们参与创造——通过委托或疏忽——我们希望看到改变的条件。如果我们缺乏这种把自己视为原因的能力，那么，我们的努力就变成了要么是强制性的，要么一厢情愿地依赖于别人的转变。

我们决定作为创造者而行动的那一刻，社区就会被创造出来。这是所有者的立场，它每时每刻在每个问题上对我们都是可用的，甚至包括世界和平、对化石燃料消费的过分依赖以及我们的青少年稍微有些自我中心等问题。

这需要我们相信：要创造的这个组织、这个街区、这个社区是我的，或我们的。当我们愿意回答下面这个基本疑问时此事便会发生："我们对创造当前现实有多少贡献？"困惑、责怪和等待别人改变抵挡了所有者身份和个人力量。这个核心疑问——如果回答的话——是社区如何转变的中心。

无辜和漠不关心是对所有者身份的微妙拒绝。下面这个回答否决了未来:"这不关我的事——你想做什么都很好。"这始终是个谎言,只不过是一种礼貌的方式,来逃避关于所有者身份的艰难交谈。

人们最好是创造他们自己的东西,共同创造是责任感的基本原则。所有者身份交谈直接涉及这样一个信念:我们每个人,甚至从出生那一刻起,都是原因,而非结果。再说一遍,领导的任务是找到一种办法,利用这一交谈让人们勇敢面对他们的自由。

所有者身份交谈的特点

所有者身份就是决定承认我们的罪责。坦白承认这个世界在一定程度上是我们的建造物。以这种方式,我们成了我们自己体验的创造者。我们自己可以决定,当我们到场时,会产生何种价值和意义,这是自己的选择。它是这样一个立场:我们每个人正在创造世界,甚至是我们继承来的那个世界。

这种交谈的关键区别存在于所有者身份与责备(一种索要心理形式)之间。

我们必须认识到,每次人们进入房间,都是带着矛盾心态走进来的,很想知道是不是来对了地方。这是因为他们的默认思维模式是:别人拥有这个房间、集会和召集这次集会的意图。

每一次传统聚会都是从下面这个没有明说的信念开始:不管谁召集聚会,都有一些东西是为我们准备的。我们被这个一直试图向我们兜售什么东西的世界所淹没，以至于我们无法想象这一次会有什么不同。这就是为什么有那么多交谈涉及不在房间里的其他人。

领导者/召集者必须行动起来，改变这个思维模式，在某种意义上重新谈判社会契约。我们想要向下面这个信念转变：这个世界，包括这次聚会，是我们的，是我们要一起构建的。为这个房间重新谈判社会契约是我们与社区之间的社会契约可以如何重新谈判的一个隐喻性范例。

所有者身份交谈提出的疑问

针对"我是原因"这个观念提出的疑问可能很难立即回答，所以在直接回答这个疑问之前，先提出一些风险较低的疑问。最好的开场疑问是那些关于人们对于这次特定聚会所感觉到的所有者身份的疑问。他们在何种程度上作为这一次聚会的所有者，是他们将如何作为桌面上更大疑问的所有者而行动的表征。把我们的所有者身份延伸到更大的疑问更困难，因此需要更高水平的关联性，然后才能在正确的语境中进行交谈。

这里有一系列疑问，有能力改变房间的所有权。

四个早期疑问

重新谈判社会契约最有效的方式是要求人们把他对下面 4 个疑问的回答从低到高按 7 个等级排列：

你计划让这次体验有多少价值（或项目或社区）？

你愿意冒多大的风险？

你打算怎样参与？

你在何种程度上投资于整体的福祉？

这些是任何聚会中的早期阶段要问的 4 个疑问。人们个别地回答它们，然后在小组中分享他们的答案。正如前面已经提到的，务必提醒他们不要给出建议，不要乐于助人或鼓励任何人。仅仅对答案感兴趣就行，无论是什么答案。

关于罪责的疑问

在稍后的某个时间点上，我们需要提出这样一个攸关责任的疑问：

对于我所抱怨的或希望改变的那件事情，我做出过什么样的贡献？

有时候人们会谈论他们多么努力地尝试让事情变得更好。很好的回答，但不是针对这个疑问。这个疑问比其他大多数疑问风险更高，它涉及你做了什么妨害社区福祉的事情。对于人们来说，回答这个问题需要相当多的信任。只有在人们互相建立连接之后才能问这个问题。这可能是所有问题当中最具转型力量的疑问。如果我没有认识到我在产生过去和现在的原因中所扮演的角色，那么我就没有可能的途径能够有益地参与进来，担当未来的联合创造者。

关于故事的疑问

另一种所有者身份交谈是勇敢面对我们的故事，我们前面谈到了这些故事，它们限制了一个别样未来的可能性。关于这个问题，维尔纳·艾哈德非常清晰而富有创造力。他整理的那个序列——我采用了这个序列——如下：

你本人讲述最多的关于这个社区或组织的故事是什么？你致力于的，甚至从中取得你的身份的那个故事是什么？

然后问：

你从坚持这个故事得到的报偿是什么？

报偿通常是：这个街区是良好的、可控的、安全的。或者是反常的、受限的或有风险的。

最后问：

你执着于这个故事让你付出了什么样的代价？

代价常常是我们的活力感。大概还有我们的信仰。

这些疑问都允许我们了结自己的故事。不是忘记它们，而是了结它们。在我们所创造的语境中，故事对他者的意义可以把限制性的力量从故事中拿掉。这使得故事可以继续留在过去，并为我们向前走创造一个开端。

一个友好的警告：任何时候都不要低估人们坚持他们的故事的决心，不管他们要承受多么大的代价或痛苦。我们当中大多数人当下并不愿意放弃我们的故事，但这个过程随着时间的推移会对我们产生影响。

交谈四：异议

为异议创造空间是让多样性在这个世界上受到重视的途径。邀请异议加入交谈是我们对范围广泛的信念显示尊重的一种方式。它把玻尔的名言发扬光大：对于每一个伟大的观念，相反的观念也是真的。

如果没有严肃的怀疑和保留，就没有办法保持清醒并关心一个意图、一个地方或一个项目。我们每个人都多次在沙漠里行走，在某些方面，我们的信仰要根据我们怀疑的程度来衡量。没有怀疑，我们的信仰就没有意义，没有实质；购买它付出的代价太小，不可能赋予它价值。

你要么和我们站在一起，要么反对我们。这是好客和友谊的腐化。好客是不仅欢迎陌生人，而且还欢迎他们带来的陌生观念和陌生信仰。

怀疑和异议

领导的一项重要任务是保护让人们表达怀疑的空间。让怀疑和异议浮出水面，并没有偏离创造新事物的社区意图。至关重要而且难以忍受的是，领导者不必回应每个人的怀疑。我们谁都不必回应。真正的怀疑只是完成于它的表达。当我们认为我们必须回答人们的怀疑并为我们自己辩护时，那么意义的空间就关闭了。当人们有怀疑而我们试图回应时，那我们就是在和他们不愿意对自己的未来负责的态度串通合谋。对于别人的怀疑，我们要做的只是对这些怀疑产生兴趣。我们不必接受它们并让他们与我们自己的怀疑产生共鸣。我们只要产生兴趣就行。

例证：警察与居民

怀疑和异议最不被理解的一个地方是在警察与居民的关系中。

第12章 可能性、所有者身份、异议、承诺和天赋的交谈

很少有公职人员把自己置于像警察一样有风险或者比警察更易受伤害的境地。没有哪个公职人员比警察更多地出现在社区中。他们步行或驱车在我们的大街小巷，当我们失控时他们出现在现场。当家庭出现塌方时他们来到我们家里。他们还经常出现在关于公共安全的社区交谈中。这些关于安全的交谈可能很激烈，这常常是因为居民们把自己的焦虑投射到警察身上，而警察接受了投射，觉得是在受审，需要为自己辩护。这未必是真的，如果我们以自己的方式像重视医疗一样重视异议的话。谈何容易。

本质上，当警察认为自己对公共安全负有责任——当居民们也有同样的信念时——他们就遇上麻烦了。警察并不对我的安全负责。相信警察对安全负有责任的居民是在回避他们自己的责任。居民对公共安全负有责任；居民犯下罪行，阻止犯罪，为犯罪率或高或低创造条件。只要警察担负起安全责任，他们就不得不持防守的姿态，这不会推动任何事情向前。警察负责执行法律，逮捕罪犯，以及调停或制止暴力。警察不是向消极居民提供安全的供应商。安全不是一件从警察那里买来的产品。当居民们想要把安全责任托付给警察而警察为自己辩护时，警察就是在和居民不愿意主张他们的人行道和社区是他们自己的这一态度串通合谋。

对警察来说，倾听是取代自辩的行动步骤。倾听，在比被表达更深层面上理解，是创造一个修复型社区的行动。这并不意味着，在这种情况下，警察不需要改变或参与后来的问题解决，他们当然参与了，就像我们其余的人一样。这意味着，不是回答每一个疑问，为他们的行动辩护，相反，他们可以提出疑问，以便了解更多

关于居民的关切、怀疑，甚至是他们的生活。没有谁比迈克·巴特勒（Mike Butler）更懂得这一点，他是科罗拉多州朗蒙特市的警察局长。迈克最喜欢说的一句话是："就我所接到的80%的电话而言，人们并不需要穿制服的官员；他们需要一个邻居。"真是聪明人。

这才是领导的关键作用：对人们的异议和怀疑产生兴趣，并找出为什么这对他们如此重要。当我们对异议产生兴趣，而不去解决、解释或回答它时，它就成了承诺和责任。诚然，有时候别的东西伪装成异议，这个稍后将会讨论。

说"不"是承诺的开端

异议交谈从允许人们有说"不"的空间开始。它依赖于这样一个信念：如果我们不能说"不"，那么我们说"是"就毫无意义。

我们每个人都需要有机会表达我们的怀疑和保留，而不必证明它们有道理或者迅速进入问题解决。说"不"是承诺交谈的开端。这一点至关重要：异议之后，接下来是其他交谈。让异议富有成效不是让它在那儿悬而未决，而是把它视为一次过渡性交谈，把我们带向其他交谈：关于可能性、所有者身份和天赋的交谈。

有一个担心是：我们拒绝给人们留出空间会让他们变得消极。这是鸵鸟的思维模式。如果人们说"不"，它并没有创造他们的异议；它只是表达异议。它也并不意味着他们会为所欲为。修复型社区是这样一个地方：说"不"并不会让我们付出失去集会或社区成员身份的代价。要鼓励那些说不的人说出来——我们需要他们的声音。

我们只会放下那些我们已经给予发言权的怀疑。当有人真心实意地说"不"时，房间才变得真实而可信。真实可靠的陈述是这样一种陈述：在这样的陈述中，人们抱有的异议是他们的选择，而不是某种形式的责怪或抱怨。对怀疑的表达，其中的力量是：它给予我们对怀疑的选择权。一旦表达了，它们就不再控制我们；我们控制它们。

怀疑和说"不"是人们在未来寻找他们的空间和角色的象征性表达。只有当我们充分理解人们不想要什么的时候，选择才成为可能。以这种方式，异议是赋予生命或催人奋进的。它是拒绝去过别人心里为我们设想的生活。对个人来说，它是这样一个时刻：我们认识到我们并不是我们的父母、监护人、老师心里惦记的孩子。我们让别人失望，并长久以来把这种失望内在化了。我们对别人预期我们是什么样的人说"不"的那一刻，我们宣布"我不是那个人，我不是你们心里想的那个儿子或女儿"的那一刻，我们的成年期便开始了。正因为它已经花去了三四十年的时间，这不是过分挑剔的时候。

在社区中也是一样。人们体验到他们表示异议——或者用更温和的说法，表达怀疑——的能力并且不会失去他们在圈子中的位置的那一刻，他们便开始作为羽翼丰满的居民加入进来。当异议真正受到重视并成为真正好奇心的对象时，作为这个圈子、房间、街区的所有者而到场的机会便戏剧性地增长。当警察理解这一点时，关系便改变了。然后，警察可以和居民一起加入居民如何能够产生他们自己的安全的讨论中去。这就是发挥作用的东西，尤其是在最困难的街区。

异议交谈的特点

真实的异议与不真实的异议之间有着至关重要的区别，我们把后者称为虚假拒绝。不真实形式的异议是否认、反叛和听天由命。

否认是指我们行动时仿佛现在已经够好了。它是对现有缺陷的辩护，拒绝超出连续改进之外的任何可能性。我们否认环境的破坏，就是一个很好的实例。在这个实例中，否认采取的形式是等待更多的数据，或者坚持这样一个信念：技术是可以克服任何障碍的神。否认常常同意存在一个问题，然后又轻视问题的存在或问题的代价。否认气候改变实际上涉及成本和麻烦，始终是反对共同利益的论据。

否认是成瘾的一个定义性特征。在创造我们生活其中的社区时，我们痴迷于并非为所有人服务的城市中心和乡村小镇，痴迷于一个有着巨大阶级差别的世界，一个我们认为边缘之人并非我们的兄弟姐妹的地方。我们痴迷于安全的幻想，它来自我们允许大系统控制我们社区问题的解决办法。它们控制着关于发展的交谈；它们推销其解决贫困问题的办法，而这个问题需要更多的教育和培训；它们对待流离失所之人仿佛那是他们的过错。你参与制造了那个你如此努力地试图消除的问题，这很难接受。

反叛更复杂。它生活在对世界的反作用中。表面上，反叛声称反对的是君主制、支配权或压迫。结果却经常是投票支持君主制、支配权或家长制。反叛经常不是要求转变或一个新的语境，而只是抱怨控制君主制的是别人，而不是我们。这就是为什么大多数反叛都失败的原因——因为没有什么东西改变，改变的只是君主的名字。

反叛的社区形式是抗议。它在传统中是高贵的，但依然经常让我们不停地对别人的立场做出反应。把身份建立在我们并不想要的东西上是安全的。在任何问题上，双方的极端派都更多地执着于他们的立场，而非创造一种新的可能性。这就是他们总是提出一些无法实现的要求的原因。调频广播中充斥着这种非交谈。博客世界也是如此。任何时候只要我们在反作用中采取行动，哪怕是对邪恶采取行动，我们都是在给我们所做出反应的对象带来力量。

我曾听约翰·麦克奈特说，顾问小组心平气和地跟权力说话，抗议者对权力尖声喊叫，二者都不选择收回权力或产生权力。反叛的真正问题是：这很有趣。它回避责任，凌空蹈虚，由正义感为它添加燃料，赋予责怪以正当性，是一次令人愉快的逃离，逃避不堪承受的责任重担。当它发生时，它带来很大的价值；它教会我们一些东西，要我们负起责任。占领华尔街是一个有用的闹钟，但那一刻之后很容易沉沉睡去。在构建下面这个问题上它的作用不大：让居民对他们用自己的钱做什么负起责任，或者他们如何看待他们自己背离自由市场文化的选择。

听天由命是极端的无力之举，是一种反对可能性的立场。它是一种负面形式的控制。它产生于我们的犬儒主义和信仰丧失。我们所放弃的是未来，我们所拥抱的是过去。我们谁也没有强大到足以承载别人的，甚或我们自己的听天由命所带来的重负。它是孤立和没有归属的精神原因。要提防听天由命，因为它呈现出来的是，仿佛证据和经验就站在它的一边。

那么，这里的要点是：异议，作为一种拒绝的形式，当它是一种为了它自己而作出的选择时，当它是一次有责任感的行动时，便成了真正的异议。可以根据没有责怪，没有听天由命，来辨认真正的异议。责怪、否认、反叛和听天由命没有创造的力量。一个简单的"不"开启一次更大的交谈，或者至少是为更大的交谈创造了空间。

当我们认为没什么东西可争论时，这一点体现得最明显。再说一遍，当我们面对"不"、怀疑或真正的拒绝时，当我们产生兴趣和好奇时，我们就向前走了。有用力量的终极表达是一个领导者说："我必须提醒自己：如果你和我争论，我很愿意被迫站到你的一边。"

异议交谈提出的疑问

那么挑战是：以引发真正异议的方式来设计疑问。我们不想由于我们对疑问的选择而鼓励任何性质的否认、反叛或听天由命。要避免否认，就不要问人们：他们是否认为存在一个问题。甚或不要问人们要干什么，或者要求他们列举任何事物的 10 个特征。避免反叛的方法是不要试图兜售或控制世界。面对反叛时，我们能做的一切只是承认它，而不是争论。

有些疑问适用于表达异议：

你有什么怀疑和保留？

你不停地推延的拒绝或否定是什么？

是什么让你对那个不再是你真实意思的东西说"是"？

让你改变主意的承诺或决定是什么？

你拒绝给予的宽恕是什么？

你所抱有的谁也不知道的怨恨是什么？

这些问题是按照难度递增的顺序排列的。最后两个问题很难，应当慎重使用。我总是把它们作为一次可能的交谈而提出来，因为我知道，如果人们不想回答任何疑问，他们就不会回答，而且不会造成任何损害。我们可以问任何问题，只要我们不以任何方式迫使人们回答。

对于领导者/召集者来说，关键不是要亲自接受异议，或者以任何方式与已经表达出来的怀疑争论。如果你真的能够回答一个解决怀疑的疑问，那么就这样做。然而，大多数时候，怀疑有根有据，并不容易回答，所以，我们所能做的一切就是感激怀疑被公之于众。

目的是要让关切得到公开的表达，而不是把它留给安静的交谈，在过道里、盟友之间或者休息室里。异议是一种关心的形式，而非抵抗的形式。

交谈五：承诺

承诺（commitment）在这个过程中通常来得稍晚一些，在前四种交谈完成以及对实质问题做了一些工作之后。

承诺是一种不期待回报的允诺（promise）。它是愿意作出这样一种允诺的意愿：它既不依赖于别人的同意，也不依赖于别人的互动。这把交易从交谈中剔除了。我们的承诺并不取决于别人的行动。经济学家被艺术家所取代。只要我们的允诺依赖于别人的行动，它就不是承诺；它是一笔交易，一份契约。一个讨价还价的未来不是一个可选的未来；它更多的是过去的呈现。

宣布一个允诺是承诺所采取的形式，那是开启变革的行动。设定一个目的或目标是一回事，但使用允诺的语言是另一回事，它更具个人性。另外，在某种程度上，允诺是一个神圣的表达形式，在这个意义上，这一语言使提问的空间神圣化了。

空口白话是承诺之敌

有时候，我们的行动仿佛我们需要在承诺和拒绝或异议之间做出选择。它们互相友善，都是重要的交谈。说"不"是一个立场，和承诺一样有用。二者都提供了向前走的可靠基础，即使那一刻并无地方可去。空口白话则是另一回事。杀死民主或转变，最快的莫过于空口白话。未来并非死于反对，它消失在空口白话的面前。

关键的区别在于承诺与交易之间，但对于承诺，最危险的东西是空口白话。空口白话破坏了承诺。它提出的前进步骤空洞无物。它以"我试试吧"的形式出现。它是站在逃生出口旁给出的许可。任何时候，只要有人说他们会努力试试，答应琢磨琢磨，或尽力而为，聪明的做法是把这一表述视为说"不"。它可能不是断然拒绝，但在那一刻，并不存在承诺。我们可以带着拒绝一起前进，但我们不可能带着"或许"一起前进。努力试试只是一种间接拒绝。空口白话要么是对感觉到被强迫、对一种内在的义务感所做出的回应，要么只是一种想要看上去还不错的愿望，它实际上是逃避那个时刻的一种方式，它操纵承诺。

全心全意的承诺是向与我们同等之人允诺，我们将为整体的成功做出贡献。它以两个疑问为中心："我愿意作出什么样的承诺？"和"我愿意为整体努力的成果而付出的代价是什么？"。它是一个为了更大的目标而作出的允诺，而不是为了个人的回报。承诺披着允诺的外衣而出现。

另一个关键是要认识到"对与我们同等之人的允诺"这句话的重要性。稍后再谈这个，与我们同等之人接受允诺并决定这些允诺是不是足以产生一个别样的未来。关心共同利益就足够了。召集者的任务是让居民的眼睛和话语互相对准对方。这就是我们让人们围圈而坐、正面相对的原因。

在这个过程中，让我们感到宽慰的是，要创造我们心里所想的那个未来，需要作出承诺的人比我们认为的要少得多。

承诺交谈提出的疑问

承诺包含两种类型的允诺：

* 关于我与别人一起时的行为和行动的允诺
* 关于世界上所发生的结果和后果的允诺

正如前面所暗示的，关系重大的允诺是那些对与我们同等之人作出的允诺，而不是对那些有权控制我们的人（父母、老板、领导）作出的允诺。未来是通过居民之间交换承诺创造出来的，我们必须与他们一起来践行变革意图。正是对这些人，我们给出我们的承诺，也正是他们，决定我们的出价是不是够——为个人，为机构，为社区。与我们同等之人有权宣布作出的允诺不足以服务于整体利益。正如每一次拒绝行动一样，这是一次更长交谈的开端。

承诺是神圣的。它们是我们赖以选择责任的手段。我们把自己的承诺公之于众的那一刻，我们就是负有责任的。

根据我们的品味和直觉，这里列出了承诺交谈所使用的问题：

我愿意作出什么样的允诺？

什么样的衡量标准对我有意义？

我愿意付出什么样的代价？

因为我信守自己的承诺或没能履行承诺，其他人付出的代价是什么？

我愿意作出的对我来说构成一个风险或重大改变的允诺是什么？

我推延的允诺是什么？

我不愿意作出的允诺或承诺是什么？

如果你真的想让这次交谈有一个牢固的基础，那就亲手写下这些允诺，签上姓名和日期。然后收集和公布整套允诺。大约一刻钟一次，会面并询问："进展如何？"

注意："此时此刻我不想做任何承诺"是一个很好的、可以接受的立场。它是另一种性质的承诺。说"我就算了吧"是居民表示拒绝的行为，它是高贵的。这意味着，拒绝不会让人付出丧失其圈子成员身份的代价。我们必须为这种拒绝留出空间。当我们尊重一个人的拒绝时，我们就是尊重所有人的选择。当一个人说"不"时，这个人就是在以某种方式代表我们所有人说话。在一次承诺交谈中为拒绝留出空间，这将赋予其他所有人作出的选择或承诺以深度和实质。

把成员身份置于危险中的唯一行动，是不愿意信守我们的诺言。这是选择不履行我们的承诺，或者当我们知道承诺不会被履行时不收回承诺。拒绝作出允诺是诚实和支持社区的行动。不做一个信守诺言的人，亦即不兑现承诺，或者在知道承诺不会兑现时也不撤回诺言，就是破坏社区，借口是什么并不重要。这就是空口白话的危害。

交谈六：天赋

在我们被问题、缺点、无力和需求所吸引时，错过的交谈是关于天赋的。唯一聚焦于天赋的文化实践是退休晚宴和葬礼。只有当你离去或亡故时，我们才对你的天赋表达感激之情。如果我们真的想知道别人在我们身上看到的天赋，我们不得不等待我们自己的悼词，或者就像传说中所讲的，隔不了几天我们就会错过它。

在社区建设中，不是聚焦于我们的缺陷和弱点——这些很可能不会消失，当我们聚焦于我们带来的天赋并寻求充分利用它们的途径时，我们就获得了更大的力量。不要把人和工作问题化，探索我们天赋之谜的交谈带来最大的改变和结果。当我们关心那些颠沛流离之人或者和他们一起行动时，则尤其是这样。另外还有表现欠佳的雇员，低收入人群，残障人士，触犯法律之人，家庭成员中那些难以联系上的、在感恩节迟到的素食主义者。

聚焦于天赋让人们勇敢面对他们的基本核心，这一核心有潜力让世界变得不同，并永久性地改变生活。这解决了工作与生活之间不自然的割裂。我们的工作是我们的生活。我们的生活就是我们的工作。领导者的任务——实际上是每个居民的任务——是要把那些边缘之人的天赋带入中心。这适用于作为个体的我们每个人，因为我们毕生的工作就是把我们的天赋带入这个世界。这是一个好客社区的核心特征，它的工作就是让其所有成员的天赋都得到发挥，尤其是陌生人的天赋。

天赋的特点

真正认识我们的天赋意味着要包容，或者重视多样性。朱迪斯·斯诺（Judith Snow）是残障人世界一个强有力的声音，她宣称，她生活的目的就是要把残障的语言从我们的词汇表中清除掉。她在一封电子邮件中对我说："我最深切的愿望是要让这个世界变得更安全，对那些其才能和贡献普遍没有得到认可的人来说。"她创造了这样一个世界，在那里，没有一个人是通过他的残障而被人所知，被贴上标签，或者从中取得他的身份，他凭借的只是他的天赋。这绝不是否认我们的局限，而只是表明这样一个认识：它们不是我们的本来面目。我不是我所不能做的。我是我所能做的——我的天赋和能力。朱迪斯是一个能控制自己的头脑、自己的声音和自己的手指的人。她被认定在十几岁时要死，却一直活到六十多岁。还是太早了。

要点是，一个不一样的未来，以及引入这样一个未来的社区，当我们充分利用我们的天赋和能力时，便开始出现了。把那些边缘之人的天赋带入中心是领导者和居民的首要任务。

这里的区别直截了当，是天赋与缺陷之间的区别。

当我们关注缺陷时，我们就强化了缺陷。你所看到的是你所得到的。当你给我贴上标签，认为我是傲慢的或暗中挑衅的，或者冷漠的和无家可归的，那就是你将得到的东西。这样一来，聚焦于天赋就是一个实用的立场，而不是一个道德的立场。你想从我这里得到什么——我的缺陷还是我的能力？

天赋交谈归根到底是我们愿意不再告诉人们：

他们需要改进什么

什么事进展不顺利

下一次他们应该如何用不同的方式做这件事

相反，要让他们勇敢面对他们的天赋。告诉别人：

你从他们那里接受的天赋

你在他们身上看到的独一无二的力量

他们有能力带来独一无二的、这个世界所需要的东西

他们在最后10分钟所做的事情发挥了作用

这次聚会的天赋

每次我们聚集在一起，都必须有空间讨论我们互相交换的天赋是什么。需要对社区提出这样一个问题：

你从这个房间里的另外一个人那里接受了什么样的天赋？具体地告诉那个人。

我们聚焦于天赋，是因为我们聚焦什么就得到什么。关于"这次聚会的天赋"，问题可以这样问：

你们小组今天有谁做了什么事情触动你、打动你或者对你很有价值？

或者

一个特别的人是如何以一种有意义的方式吸引你加入的？

就实际而言，这意味着在每个小组中，逐一地告诉其他人，他们从别人那里接受了什么，并表示感激。

> 神在他的宇宙中所创造的一切事物，没有任何无用的东西。他创造蜗牛治疗创伤，苍蝇治疗黄蜂的蜇伤，蚊子治疗蛇咬，大蛇治疗疼痛，蜘蛛治疗蝎子的蜇伤。
>
> 巴比伦《塔木德》(Shabbat 77b)，转引自哈莉特·考夫曼《犹太教与社会正义》(*Judaism and Social Justice*, by Harriet Kaufman)

149　　由于我们对这种讨论感到很为难，交谈需要以一种特殊的方式构建。我们要求听的人对另一个人说："谢谢你，我很喜欢听这个。"我们想让对天赋的陈述有机会被吸收。帮助人们把偏离赏识和拒绝天赋的例行程序搁置一旁。不要鼓励他们说：别人从他们那里拿走了天赋，或者这是一个多么伟大的群体，或者他们这一次如何交了好运并设法不让它再次发生。

　　这意味着我们完全禁止拒绝接受天赋，禁止讨论弱点和缺失什么。不允许解决人的问题。因为它们经常受限于我们体验过的那种惩罚文化，人们想要负面的反馈。这被以学习和成长的名义包装起来。

　　不要购买这个包装。渴望我们可以"发挥影响"的反馈实际上是一种防御，抵抗的是这样一个可怕重负：认识我们的天赋，并着手融入天赋之中，我们可以把这项工作称为"践行我们的天命"——语言是如此苛求而强迫，难怪我宁愿一直在我的需要和不完整的沼泽里游泳。把我从建设性的反馈中拯救出来。我大多数时候可以忍受，我不需要重构。眼神的交流会做到。

每个人带给世界的天赋

除了这次聚会上发生的关于天赋的交谈，我们每个人还要处理这样一个问题：我们在何种程度上把天生的或后天赋予我们的天赋带给世界。我们知道我们的缺点，到了难以置信或不切实际的地步。我们看不见的是我们的天赋，我们独有的天赋。这些品质不是我们挣来的，而是作为恩典降临到我们身上。我们在生活中的工作就是要知道并接受这些天赋，因为接受正是把它们呈现出来所必需的东西。

要问的问题如下：

你当前未被利用的天赋是什么？

你身上不为人所知的东西是什么？

你心存感激却从未说出来的东西是什么？

你接受过的至今让你惊奇的积极反馈是什么？

你所拥有的但并没有被充分认识到的天赋是什么？

正如所有交谈一样，这些问题或许没有直接而清晰的答案。这并不重要。问题本身会对我们发挥作用，而且，当这些问题被问及时，这项工作就被激活了。在问的过程中，我们就在为天赋创造空间，它是此时此刻我们想要发生的修复的核心。以这种方式，问题就是转变，只需提出它们即可。

对疑问的简略回顾

从所有这些疑问中浮现出来的交谈，其核心是要创造一种与其他人在一起的归属感，还有一种对自己负责和关心共同利益的责任感。

这里是一份摘要，列出了与每种交谈相关联的核心疑问：

你来到这里作出的选择是什么？（邀请）

在这次聚会或这个项目中，你计划冒多大风险，在多大程度上参与？（所有者身份）

你/我们为了这次聚会的目的，所处的抉择关头是什么？（可能性）

对于未来的可能性，你准备作出什么样的宣告？（可能性）

你在何种程度上把自己视为你正在试图解决的那个问题的原因？（所有者身份）

对这个社区或这个问题，你所坚持的故事是什么，这个故事的报偿和成本是什么？（所有者身份）

你的怀疑和保留是什么？（异议）

你不再打算说"是"的是什么？（异议）

你会对与自己同等之人作出什么允诺？（承诺）

你从别人那里接受的天赋是什么？（天赋）

关于这些疑问，重要的东西是，它们提出了可能改变未来性质的议程。它们是修复型社区的全部课程。力量在询问中，不在回答中。我们不

> 当一个孩子出生时，他带来了一份社区所需要的来自灵界的礼物。
>
> 索邦夫（Sobonfu）

必让问题刚好一模一样。有很多方式构建这些疑问，只要我们不要让那个方式太容易。我们的工作是要设计出合适的疑问，它们适合于你所从事的事务和你正在努力改变的状况。

最后警告一下。这些观念和方法依赖于一定数量的善意。当个人和社区更多地致力于正确，而不是致力于创造一个别样的未来，那么，我们做任何事情都不会有太大的意义。有这样一些时间和地点，犬儒主义、绝望和听天由命是如此根深蒂固，以至于我们所有的努力似乎都无人理会。长期来看，我不相信情况永远会这样。但有一些时刻，有一些特定的聚会，进展并不顺利。在这些时候，我们所能做的只是原谅自己，我们所发挥的作用似乎如此之少，然后我们大概就能和上帝进行交谈了。

第 13 章 ｜ 把好客带给世界

153　　我们通常把好客和一种文化、一种社会实践、一种值得赞赏的个人品格联系在一起。在西方文化中，个人主义和安全似乎是优先事项，对于如何把对陌生人的欢迎带到我们的日常共处方式中，我们需要更多的思考。

* * *

当上述六种交谈出现在好客的语境中时，它们便拥有了力量。下面是把好客纳入我们的聚会中的设计要素。

欢迎和问候

每一件事情都很重要。我们从服务业，尤其是从很好的餐馆和酒店，得到暗示。在门口迎候宾客，亲自欢迎他们，帮助他们就座。把他们介绍给不认识的人。人们孤零零地进来。要减少他们的孤立；让他们知道他们来对了地方，他们并非孤身一人。

实例：加利福尼亚州卡尔斯巴德市

当加利福尼亚州卡尔斯巴德市的市长罗伊·帕切特（Ray Patchett）决定让社区参与决定它的未来，他和他的团队把一块红地毯从街道一直铺到集会地的正门。他们派人在门口欢迎人们，再护送他们到会议室。在会议室里，每个居民都由他亲自介绍给其他居民。一群当地人在演奏音乐；还提供了低热量食物。孩子们拍摄的照片挂在墙上。明白吗？当你来参加这次集会时，你就知道你来对了地方。当然，城市管理团队方面要花一些时间和努力，但对卡尔斯巴德市民而言，这是一个充满了关爱和包容的信息。

重申邀请

欢迎之后，首先从陈述你为什么来到这里开始。宣布是什么样的可能性促成了这次邀请。使用日常语言，由衷发言，没有 PowerPoint 演示、幻灯片、视频，以及诸如此类。使用表达选择、信任、愿意行动、承诺坚持的词句和短语，并表明这样一个事实：领导者是来听的，而不是来说的。

内容之前的连接

在进入议程之前，居民之间必须互相建立连接。不管什么时候我们进入一个房间，都是带着怀疑，并且依旧对我们刚刚离开的那个地方念念不忘。让居民们互相建立连接，目的并不只是为了打破僵局，打破僵局很有趣，但对打破孤立或创造社区作用不大。打破僵局会实现接触，但不会建立连接。当我们谈到此时此刻什么东西重要时，连接便发生了。通过问题来做这件事情最容易。

下面是和建立连接有关的疑问的一些实例：

是什么促使你接受这次邀请？

今天来到这里为什么对你很重要？

别人因为你来到这里而付出的代价是什么？

如果你能邀请你生活（过去或现在）中的某个人坐在你的身边，支持你在这次集会获得成功，他会是谁？

155　由于连接最容易发生在面对面的小分组中，所以创造三到六个人的小圈子。要求人们和自己最不熟悉的人坐在一起，这让人们可以自由地做真实的自己，而不是同事们认为他们应该是的那种人。它还象征了这样一个意图：让人们跨越自己的历史和联盟的边界。

某些分组方式更适合学习和连接，另一些分组更适合宽慰和解决问题。在聚会的早期使用各种不同的人——最不熟悉的人——的混合。这种"最大化混合"很适合开启疑问和引发怀疑。而使用密切型分组——由那些互相最熟悉的人组成，很适合策划行动和作出允诺。

创造社区的一个结构顺序是，先从个人思考疑问开始，然后让他们三人一组进行讨论，接下来是六人一组，最后是整个社区。简写形式为1—3—6—全体。如果时间短，三人小组最理想。三人小组里无处可藏。

迟到

总是有人迟到，尤其是在社区工作中。这并不意味着我们不按时开始，而是意味着这样一个事实：一个人到场需要得到认可。不带羞辱地欢迎他们，然后让他们与群体建立连接。当每次聚会都是我们来到这里要创造的那个未来的一个展示时，修复型社区就被创建起来了，所以我们需要花一点时间把那些迟到的人包括进来。这是好客文化的典型特征，花时间欢迎迟到者，为我们认为重要的东西——关联性——定下基调。

早退

当参与者早退时，会留下一个缺口和一种空虚。早退给社区中留下一个空位。它伤害了社区；给社区造成了代价和后果。这从聚会中拿走了能量和资源，代表了社区和归属所付出的一笔代价。

人们会早退，通常有很好的理由，所以不必往心里去，但有很好的理由严肃对待这个问题。损失是一个参与成分。我们对待失去一位成员的方式就像我们对待欢迎和聚会的结局一样重要。这里有一种处理早退者的方式反映了这种精神：

  一开始就要求人们对早退发出通知。要求他们当众离去，不要在夜晚的黑暗中，在默不作声中或者在会议暂停期间偷偷地溜走。

  承认他们是故意早退。

  让他们对小组宣布他们要离开，以及他们去哪儿。

  当他们起身离去时，让小组中的三个人说："在这里，你带给我们的……"这是天赋交谈的时刻。

  问早退者："你带来了什么？对你来说有什么改变，变得更清楚了吗？你因为来这里而接受了什么有价值的东西？你还有什么别的话想对社区说？"

感谢他们来这儿。

撤除他们的椅子——如果椅子依然空着，只会提醒我们所遭受的损失。

所有这一切都要花时间，但我们选择深度而不是速度。另外，我们今天怎样对待这些人，明天别人就会怎样对待我们。

一起掰面包

在创造支撑社区的交谈和社会空间时，我们需要致力于另一个欢迎维度，一个传统上定义文化的维度：食物。它把神圣带入了房间里。它是好客的象征。提供食物要像我们在履行赋予生命的行动时一样直接。当我们严肃对待时，我们就知道如何把这件事情做正确。需要的是对拥有食物的意识，对何种食物符合我们的目的的意识。

一个小小的要求：集会上提供的大多数食物都是为了饱腹的，而不是为了健康。即使在健康医疗的场景中或者在关于创造健康社区的集会上，我们端上来的也是糕点、饼干、快餐、炸马铃薯条、椒盐卷饼。这不是食物；这是燃料，是没有营养意识和环境意识的习惯。

不妨有些苹果，好让我们有某种方法超越对天堂的幻想；有一些葡萄，为了享乐；有一些面包，没有发酵的那种，如果你能找到的话，好提醒我们想起安息日……你抓住了要点。有天然的健康食品，由本地的商人准备。有反映我们拥抱的这个世界的多样性的食品。最好是在我们集会地方圆五十里之内生长的，以减少碳的足迹。

该有人抱怨了。悉听尊便。

第 14 章 ｜ 设计支持社区的物理空间

　　物理空间在创造社区上比我们认为的更具决定性。大多数集会空间是为了控制、谈判和说服而设计的。尽管房间本身不会改变，但对于如何重新安排和占据交给我们的任何房间，我们总是有选择的。当我们围圈而坐，当窗户和墙壁有了生命的迹象，当每个人的声音都可以同样被听到和放大，当我们所有人都在同一个平面上——椅子带有轮子和旋轴，社区便构建起来了。

　　当我们有机会设计新的空间时，同样的社区意识也适用。我们需要接待区，告诉我们来对了地方，并且是受欢迎的，过道要宽到足以能亲密就座和随意接触，有就餐的空间让我们重振精神并加强人与人之间的关联性，设计房间时心里要想着自然、艺术、欢乐以及居民之间的互动。我们需要很大的社区空间，它们有社区亲密性的这些品质。

　　最后，社区设计过程本身必须是我们打算创造的那个未来的一个范例。物质的和建造的世界是聚集起来设计这个空间的那个群体的连接性、开放性和好奇心的一种反映。真正的居民参与和专业设计知识一样重要。

* * *

160　　到目前为止，讨论一直是关于如何通过重新设计我们在其中聚会的社会空间，来创造一次新的社区交谈。交谈还有一个方面对于创造社区和归属体验很重要，这就是：我们如何根据自己的意图设计和占据物理空间。

物理空间

　　房间有着超出其功能的重要性。我们占据的每个房间都充当了我们想要创造的那个更大社区的一个隐喻。无论在社会意义上，还是在物理意义上，都是如此。房间是当下社区或缺少社区感的可视化表达。我们所在的房间，我们选择如何占据它，是我们在当前必须处理的。如果我们想要的那个未来今天并不存在于这个房间里，那么，它明天也决不会出现。"改变房间，改变文化"指的就是这个意思。

　　正如我们所知道的，会议室传统上是为了效率、控制和事务而设计的。

　　　会议室有长方形长桌，基本上是为了谈判而设计，一方与另一方正面相对。其效应是，你只能看到"另一边"的那些人。你坐在那里，看不到自己这一边的人。所以在这样的地方，我们为了建设社区、责任感和关联性而聚集到一起，却不能与房间里的一半人进行眼神交流。

　　　桌子的两端是贵宾的位置。我们大家都知道这一点，并会避开这些座位。它们经常是最后被占据的。在一个餐馆里，坐在桌子尽头的人通常要在最后买单，所以，谁愿意主动坐在那里呢？这也是会议室的典型设计，它们全都涉及声望、特权和控制。

礼堂是为了居民消极地接受别人生产的东西而设计。它们对于呈现和表演很重要，这让观众背对别人，大家全都面朝前方。

教室大多是为了授课而设计。通常的布局是，一个博学的专家，10 至 300 个在那里吸收专家所知道的知识的学生。其建造是为教，而不是为学。这种安排很少认识到相互学习的重要性。有时候，我们看到桌椅呈中空正方形或 U 形排列。问题是一样的：每个人都看不到房间里三分之一或四分之一的人，那些我们能看到的人在一条已经空了的护城壕的另一侧。

接待区大多是为了安全而设计。其所传达的信息是，你必须证明你有权进入这幢建筑。这里几乎没有能激发归属感的欢迎。如果你想要看到为了显示好客而设计的接待区，不妨去探访一家很好的酒店、酒吧或一家很好的餐馆。我所见过的最好的商务接待区是在 LivePerson，那是一家我很喜欢的科技公司。你走进门，进入一个厨房和就餐区。厨房在任何家庭或机构中都是传统的温暖和友好关系的中心。前门的正上方写着："欢迎，你属于这里，吃一些水果或点心。"真是妙不可言。

过道是为了运输而设计。有越来越多的有社区意识的建筑把过道建造得像城市街道一样——在这些地方，不经意的接触受到重视，你所通过的房间像店面一样有内部窗口，过道宽阔到足以容纳休息区。这些全是为了给予我们生活化的体验而创造的。

自助餐厅常常被设计为一个有效的中途加油站。关注的似乎是我们能多么快地喂饱多少人。椅子、桌子、墙壁和食品台的设计都是为了效率、易于维护、不逗留，然后使人能愉快地回到工作中。仿佛坐在那里和其他员工相处并不是工作。有时候还有主管餐厅和雇员餐厅。或许有理由按照级别和身份把人们分开，尽管那一刻没有一个人想到这些理由。在依然存在这些区分的地方，解决办法是：把雇员的就餐区装饰得像经理们的空间一样漂亮。

162 把会议室带给生活并把生活带给会议室

尽管我们可能控制不了会议室的形式和形状，但对于如何占据会议室，我们总是有选择的。任务是要重新安排会议室，以符合我们构建关联性、责任和承诺的目的。这让召集者担负起室内设计师的角色。我一辈子神经兮兮地操心在什么样的房间里集会，以及一旦我到了那儿该如何重新安排它。这事令人为难，不容易对付，让我的样子看上去古怪，并遭到非理性的拒绝，有时候我只是疲惫不堪地在房间里把椅子拖来拖去。但在一个为人类互动而设计的世界里，这是不得不做的工作。

房间必须表达我们希望社区拥有的活力和归属这两种特征。下面是这项工作所需要的：

把房间排列成未来事物的形状

圆是社区的几何符号，因此适合于安排房间。尽可能不要桌子。如果规定要用桌子，那么就选择圆桌（圣餐仪式用的形状），圆桌比长方形桌子（谈判用的形状）或教室风格的桌子（授课用的形状）更好。如果规定要用桌子，就尽可能找最小的桌子。

对小组来说最理想的座位安排是一圈椅子，没有桌子。把椅子尽可能紧密地排在一起，这使人们不得不互相紧挨着。人们会抱怨没地方放他们的笔记本电脑或水杯。他们有膝盖和地板。没有桌子而把椅子围成一圈让市民或雇员即时而清晰、可见地互相沟通，他们彼此间的对话和关联就跟要涵盖的所有内容一样重要。

挑选看得见风景的房间

一个没有窗户的房间阻隔了我们试图关心的那个更大的世界。一个没有窗户的房间所传达的信息是：那个更大的世界此刻并不存在。它把我们和那个更大的世界隔离开了，它让我们狭隘地聚焦于我们利益边界之内的这个小世界。它让街区、城市和地球变得不可见。它还把我们聚会产生的能量困在一个特别小的空间里。当我们陷入在一个盒子中时，我们的工作与世界之间便不存在能量的交换。

把大自然迎进房间

聚集在一扇窗户附近。打开窗帘，拉起百叶窗。就算光线太强以至于看不见 PowerPoint 演示，那又何妨。这里面大概有一个信息。

把植物带进来，即使它们是人造的。正如我的朋友艾伦·科恩所言，人造植物也是真的，是真塑料。我们大多数集会地点的墙壁和陈设都是死的。空间是以现代性、高效和低成本维护的名义设计出来的。我们大可不必消极地默认这一做法。

放大整个房间

所有人的声音都要同等地被听到，我们有放大整个房间的技术。如果你怀疑这一点的话，不妨看看音乐厅。正如前面已经提到的，绝不要让一个麦克风放在台上，人们必须排队使用。这培养了居民演说，赋予极端意见太多的权力，并强化了领导者/专家与追随者之间的权力不平衡。有300个麦克风在房间里移来移去，效果就会好得多。

实例：环保专员

我在科罗拉多州遇到过一位环保专员，他经常仲裁牧场主、农场主、环保主义者、伐木工以及所有关心我们的开放空间的人之间的争论。他决定买一辆厢式货车和扩音设备，以便他到该州的无论什么地方，都能给房间装上麦克风。所有人都可以发言，而不必走到讲台上，所有人的声音都能同等地被听到。他说，一旦他进行了这笔投资，交谈的基调便马上改变。分歧并没有消失，但辩论的争执性减弱了，礼貌和尊重增强了。

选择旋转的椅子

椅子不仅仅是为了支撑，它还是移动和运输的手段。大多数会议室椅子是为了直线和稳定性而设计的。如果你让他们围圈而坐，移动太多，他们会神经紧张，很不开心。

如果设计得好，一把椅子可以鼓励人们在不同的小组之间移动。它可以让我们更方便地在我们的小组与更大的讲坛之间来回调整我们的注意力。一把可移动的椅子是我们在对本地部落完整的关注与整体的需要之间来回移动的能力的一个隐喻。

旋转椅告诉我们，为了吸收周围的一切，我们必须一直旋转，以便我们在自己的单位或街区内创造的东西能够出现在更大世界的语境中。轮子让我们能轻而易举地在不同的小组之间移动。如果椅子上有轮子，它们就要求被使用，这有助于让我们相信：我们每时每刻都有连接，愿意去找碰巧在房间里的其他所有人。

整平场地

公共建筑中的房间，应该是为了居民对话而设计，常常有一个舞台或升高的平台。一个平台或舞台创造出了对表演和裁判的需求；它看上去就像君主的王座，法官的席位。这不是为民主或社区所作的安排。的确，一起注视着舞台会赋予我们一种共同体验，但它不会让居民们互相建立连接。当我们一起注视着舞台时，我们再一次背对着其他人。这打破了圆圈，即传统的社区形状。

升高的平台，除了强调少数人头抬得比其他多数人更高这个优势之外，还通过鼓励提问和回答而扭曲了对对话的需要。仿佛居民只是带着疑问到场，而领导者则是带着答案来的。问答式的会议是家长制的互动方式。

165　　大多数城市的市政委员会都是在升高的平台上运作,把当选官员与市民隔离开。这些平台在确立领导者的权威上很有效,适合于创造秩序。它们在创造一个领导者本人以身作则,和大家一起顺利开展工作的结构上却很弱。此外,领导者向市民宣布:"我们需要你们的意见。"并且是俯瞰着他们宣布——从一张巨大的桌子后面,对着他自己的麦克风说——让不可能的意图得以执行。在这样的情境中,领导者像市民一样被这一结构所囚禁。

即使在传统上涉及表演的剧院里,也设计了一些结构来缩小演员与观众之间的社会距离和情感距离。圆形剧场把舞台置于空间的中央,以便观众成为戏剧的参与者。

把艺术和审美带进来

这是一种比这里所能处理的更大的交谈,但这里介绍一下它的要点:没有艺术,就不可能有改变。艺术的形式有戏剧、诗歌、音乐、舞蹈、文学、绘画和雕塑。社区大体上知道这个,在艺术上投入很大。一些人想要让碎片化社区的伤口愈合,他们为那些生活在边缘的人启动了数以百计的艺术项目。艺术把这些人的声音带入主流。大多数社区为它们的艺术传统感到自豪,这样的自豪当之无愧。

如果我们更大的社区也是如此,那么,我们每次聚会时艺术就必须在场。

我们聚集在一起时为什么没有一个安静的片刻、一首歌、一段朗诵呢?我们在教育、工作场所和会议中经常会意识到这一点。这一情感不应该被隔离在那些专门的场合，而是要成为我们日常生活的一部分。如果每次聚会都是一个机会，为我们自己创造我们想要居住其中的那个未来，那么我们就必须为这一目的而设计它，我们需要艺术来实现这个目的。

如果它是一次大型聚会，就邀请本地的乐队、合唱团或舞蹈团来欢迎人们进入会场。每一次中断和重新召集，都创造某种形式的艺术或灵感来作为过渡。朗读一首诗，或者花点时间创作一首诗，写在日志中，一起歌口气。这是非常可行的，成本很小，也用不着做太多准备。

每个二十人的小组，总有人会愿意唱一首歌，朗诵一首诗，或者讲一个故事。我们需要做的不过是在聚会开始时提出请求，当人们开始互相信任时，总有人愿意把他们唱歌、写诗或讲故事的天赋贡献给社区。当这种情况发生时，房间里的基调就改变了，这个地方变得更加神圣一些。

赋予墙壁生命

没有什么比一堵空荡荡的墙壁更孤独了。我们的大厅和集会空间充满了空荡荡的墙壁。有趣的是，行政办公室或者为销售展示而设计的空间却并非如此。人们十分注重让这些地方变得温暖而热情。艺术藏品装饰着墙壁，座位很舒适，用织物让窗户变得柔和。诚然，这些装饰充当了特权和重要性的一个象征符号，但它依然是一件好事。为什么不把这一象征扩大到市民或雇员聚会的空间呢？

街道生活研究的开拓者威廉·H. 怀特（William H. Whyte）指出：

"一堵空墙就是一个证据，证明了人类精神的无意义。"我们的工作就是要证明人类精神的意义，用图片以及市民、青少年和雇员们创作的艺术品填充墙壁是非常可行的。社区的图书馆和画廊都愿意给公共空间提供服务。它们经常为餐馆和商店做这样的事。要害不在于成本，而在于意识。

一天结束时，我们必须问，当墙壁令人悲哀地空荡荡地立在那里时，我们怎么能创造活力呢？

设计和创造机会

偶尔，会有机会和建筑师一起工作，设计支持社区的新空间。很少有这样的时刻（除非你是一个建筑师）：我们可以把社区意识用到一幢新大楼的建造或一幢老楼的修复中。

克里斯托弗·亚历山大的《秩序的性质》第一卷有一段简洁优美的文字，提醒我们，这些机会多么罕见和有力，能把新的意识带入物质世界中：

> 常识告诉我们——或似乎要告诉我们——物理环境影响我们的生活。当然，人常说，建筑物的形状影响我们的生活能力，我们的幸福，大概还有我们的行为。据信，温斯顿·丘吉尔说过这样的话："我们塑造我们的建筑物，它们也塑造我们。"但是，它们如何影响我们呢？
>
> 我认为，物理世界的几何学——它的空间——对人类可能有着

最深刻的影响：它影响人类所有品质中最重要的品质：我们的内心自由，或者说每个人所拥有的生活感。它触及我们的内在自由，精神的自由。

我认为，那种正确的物理环境，当它有着活生生的结构时，便养育着人类的精神自由。而在那种错误的物理环境中，由于缺乏鲜活的结构，精神的自由可能被摧毁或削弱。如果我是对的，这就暗示了，物理世界的特征可能影响着人类存在最宝贵的属性。恰好是生命——环境的鲜活结构——有这种影响。

后来，他这样总结道："在有着鲜活结构的环境中，我们每个人往往更容易变得有活力。"

正如前面已经提到的，一幢大楼的结构体系可以在对墙壁、天花板、过道、接待区、培训室和社区活动室、用餐空间、会议室、食品摊、休息区以及小型聚会空间的设计中，为有归属感的社区提供支持。这甚至没有进入工作空间的设计——这里我不处理这个问题——因为它是一个已经被充分研究过的领域。

这里要对伟大设计与现代主义美学设计做出区分，后者涉及现代性、新颖性，留下建筑和景观的痕迹并成为遗产，这更多地涉及建筑师，而不是街区。这些现代主义场所对于人类居住通常漠不关心，或者是严格功利主义的。迈克尔·弗里德曼（Michael Freedman）是一个城市建筑师和规划师，他可以证明，一些获奖的建筑设计没有人想去住，一些获奖景观设计阻碍了人们聚集，和街区没有什么关系。这是一个令人吃惊的现实。怎么能设计出对居民不友好的建筑物和社区空间呢？当我们认识到我们的设计机构、社会结构和聚会都有着相同的效果时，我们或许就不会那么吃惊了。

这里有一个更重大的要点。我们创造的建筑物和物质形式，是我们的社会结构和我们在社区一起相处的能力的副产品。它们对我们的体验和互相之间的关系有着强大的影响。空间很重要。

疏离和惩罚的文化会创造出疏离和不友好的建筑物和公共空间。家长制机构会创造美化其领导者和他们选择的设计师的物理空间，他们会——以成本的名义——对用于工人和市民的空间漠不关心。这意味着我们必须认真考虑在设计这些空间的人当中，哪些具备关联性的品质：业主和建筑师。如果既不留意空间和街区，也不在乎它所坐落的地点，如果他们优先考虑的是显赫和炫耀，那么，我们就会继续拥有一些工具主义的空间。在这些空间里，问题得不到解决，孤立被视为理所当然，风格战胜了内容。我们将拿出证据表明，这里面还是有选择的。

实例：居民驱动的设计

这里有一个实例，说明规划过程如何让居民参与进来，并提高建筑环境对社区和归属有益的概率。在社区规划和景观设计界，肯·坎宁安（Ken Cunningham）和他的合伙人约翰·斯宾塞（John Spencer）创造了一个很符合这里提出的思路的设计过程。他们知道，一项规划的品质不只是在于其设计的正确性。一项规划的品质和成功还依赖于是否将占据这个空间的居民的声音真实地表达出来。肯和约翰的设计过程的本质是邀请居民四处走走、看看，想象一下空间可能变成什么样子。

每一个规划过程都声称要让居民和潜在的居住者参与进来，但在大多数情况下，这不过是空口白话而已，并坚持这样一个信念：专家——通常来自城市之外的地方——掌握着伟大设计的真正钥匙。

肯和约翰把居民当作设计的生产者来对待，而不是作为消费者，后者对社区领导集团和规划专家的决定作出反应和回应。

下面是他们的思考中一些很适合本书主题的成分：

* 肯和约翰努力想要得到各个阶层的人，尤其是那些总是被疏离的人。他们积极地招募那些处在边缘的人，保证他们是受欢迎的。他们想要房间里有两种人：那些和设计有直接利害关系的人，他们把这些人命名为"内部社区"，以及一些局外人，他们把这些人称为"外部支持社区"。这一做法承认，更广泛的社区对于每处房产或街区的设计质量利害攸关。

* 在居民参与到设计中来之前，肯和约翰先让他们彼此互相认识。让他们以小组的形式集会，参与很多转变社区的交谈。在他们的小组中，居民们谈论这个项目所面临的抉择关头。他们讨论他们的怀疑和保留，他们举行关于天赋的交谈，并列出他们愿意为这个项目的成功而作出的允诺。

* 然后，肯和约翰识别出这个房产或街区的几个重要地方，这些地方的设计将决定那些最终占据这里的人的基本体验。他们让居民们亲自到这些场地走一走，让他们问自己一些有趣的问题：

- 当我看这个场地时,我看到的是什么?
- 当我看时,我知道什么?
- 当我看时,我的假设是什么?
- 当我看时,我在设想什么?

早问这些问题,会激发那些将会生活在这项设计中的人的想象力。这不同于创造那些表达建筑师或开发商的想象的设计或规划。

* 在居民们去物理空间走过一趟之后,肯和约翰把他们聚到一起,让他们公布他们对这些问题的回答。肯和约翰小心翼翼地准确记录人们说出的每一句话,好让所有的观念都得以保存并记录在案。主要目标是让居民认识到他们对最终规划的贡献。在每个阶段,肯和约翰都可以指出来自居民的语言和词汇。

正是在和居民交谈之后,肯和约翰才开始做传统的研究,并定义设计所面对的核心要素和要求。

然后居民们再次被召集到一起,拿出他们的评论(经过整理后的版本)和研究结果。在这次集会上,肯和约翰使用某些创造性的方法来维持所有者身份和承诺:

* 在小组中,他们使用一根用来交谈的杆,确保每个人的声音都被听到,并防止那些能说会道的人主宰这次交谈。

* 肯和约翰设计了一个身体游戏,在游戏中,人们探索并发现他们的选择。人们把物品、建筑、长凳、公园以及所有设计细节都放在一块板上,然后畅所欲言,谈论设计过程中的权衡。专家通常这样做;而在这里,市民们做同样

的事。

当巨大的分歧变得显而易见时，肯和约翰还以一种特殊的方式处理冲突。他们避开仲裁人的角色，而是使用一个鱼缸结构来解决冲突。他们把那些不同意这种设计的人置于小组的中心，把其他人的椅子摆放得能够听到前者的声音。这意味着，其他居民参与了冲突解决，而不是通常的途径：把问题交给一个专业人士。

当人们被困在他们的分歧中时，肯便介入了。他告诉他们，以及其他利害攸关的市民，他们有20分钟解决冲突。时间到了之后，肯拿着一个粉红色的珍珠或者一个银质匕首走了过来。两件东西的哪一件被放在设计方案上，取决于居民们是否能达成一致。如果他们能达成一致，他们就得到粉红色珍珠。如果不能，就把银质匕首放在设计方案上，小组继续讨论。他报告，这个结构常常能达成一致，即使人们彼此争执多年。

肯和约翰的游戏中简单却优雅的手段让居民们持续不断地参与进来，把每个设计问题作为社区有能力解决的一项挑战来对待。它还把分歧从对信念的抽象讨论化为纸面上具体而明确的条款，这很容易。

最后的一步是记录设计草案中已被开发出来的东西，回馈给居民。他们聚在一起复审设计方案，体验他们努力的产物。

这个方法是对常识的一个激进而优雅的表达。正如你们所知道的，在传统的规划过程中，大多数工作是专家做的。居民们通常被问到他们在设计中想要什么，然后，专家拿出设计草案，提交给居民以征求反馈。专家把反馈带回自己的办公室里，准备最终的设计，然后把它提交给决策者。这里面没有让倡议者自己来解决冲突的结构。确保居民们只能靠运气识别出他们自己的观念在设计中出现在什么地方。

肯和约翰所做的事情与传统做法之间真正的不同之处，实际上是设计师运作语境之间的差别。肯和约翰带来了重视居民天赋的语境，理解参与的重要性，并欣赏物理空间的好客，这些全都是修复型空间的要素。

不只是足够的时间和刚好足够的金钱

最后评论一下空间：在反对伟大设计的论证中总是援引成本和速度，但关于成本和速度的讨论实际上并不涉及成本和速度。它是宣称人的体验优先级很低的议事日程的组成部分。反对审美重要性的论点就是反对人的自由的论点。低成本、高速度建造起来的建筑和空间成了仓库，其设计师是为了把那些我们并不重视的人控制在一片屋檐下。我们用美元和效率来衡量他们的价值。我们经常看到，以降低成本和给纳税人省钱的名义建造一些丑陋的空间和建筑。这并不关乎钱。当一个神圣的机构，比如职业运动队或大企业的雇主威胁要从本城搬走时，我们要多少钱有多少钱。

决不要根据表面说法来对待关于没有经费、没有时间的论点。我们对于成本和速度的立场只不过是我们衡量承诺的一个标准。在每一种情况下，低成本、高速度的行动，实际上都是反对居民尊严，反对更民主、更人性、更包容的过程的一个论证。

作为最后的思考，我想承认，寻找或调整空间居民可以毫无阻隔地面对他们中间的每一个人——是一次无休无止的探索。最复杂的设计——不管是设计办公室、博物馆，还是公共建筑——依然想要带有长方形长桌的房间，或者固定在地板上面朝前方的座位或长椅，或者优先于眼神交流的摄影机和麦克风。这场斗争也是一场内部斗争，我很想知道，让人们离开长椅，离开固定的座位，或者远离舒适的会议布置，是不是有价值的破坏。想要得到赞同或者只是采用更容易的方式，这一愿望有着无穷的吸引力。仅仅让世界任凭己意故步自封，让它依然处于互不连接的状态，这个诱惑总是引发关于我自己的意图、我自己的承诺和我自己的听天由命的问题。每当我屈服于这个诱惑时，它总是错误的。抱歉。

第 15 章 ｜ 非必要痛苦的终结

有一个未来，我知道它是可能的。

正如人们常说的，你只教你需要学的东西，所以，正是我自己对社区的渴望，我自己的孤独感，以及没有归属感，驱使我着手创作本书。我这辈子很多时候生活在边缘，在社区之外，所以，对于人类因此付出的代价，我有着切身的了解。此外，我想到的任何解释只能是我自己的故事。它是虚构。最近十五年来，我小心翼翼甚至是很不情愿地蹑足前行，在我居住的那个地方——辛辛那提——迈向更完整的成员身份和归属。

对我发挥作用的可能性是社区的和解。对我来说，和解就是终结不必要痛苦的可能性。这就是我所置身其中的语境，即使就像我们所有人一样，我有时候不知道我究竟是为上帝还是为魔鬼工作。

当我致力于创造和解和终结痛苦的工作时，我们的社区所经历痛苦的程度一直吸引着我的注意力。我想对这些痛苦作一个区分，它们包含人的苦难与政治性苦难，两者是不同的。人的苦难是活着与生俱来的痛苦：孤独、寂寞、疾病、遗弃、失去意义、悲伤，以及最终（我认为是最终）死亡。这些都是不可避免的；它们将发生在我们每一个人的身上，尽管我们总是尝试，但我们做任何事情都不能防止它们。在如何回应这种人的苦难上，我们有无穷的选择，但它是交易的一部分，是赋予生命以活力、意义和质感的东西。

另一种痛苦是政治性苦难。这是可以避免的、不必要的苦难。有些可以避免的苦难非常明显：贫困、无家可归、饥饿、暴力，以及那些不能回到故国之人，荒废的住宅项目和陷入困境的街区。还有一些政治性苦难更微妙：人们习得性的依赖，内在化的压迫，可能性的缺乏，养育暴力、帝国主义和漠视人类价值的无力感。我把这称为政治性苦难，乃是因为我相信它源自人的选择：人类选择维持一个不平衡的世界——一边有余而另一边不足。这是一个政治选择，但不是选举意义上的政治。它不是保守主义或自由主义、左派或右派那种意义上的政治。我指的政治是：我们对如何分配权力和控制所作出的选择，以及这些选择背后的思维模式。

在所有社会科学家、历史学家、经济学家、生物学家、作家及来自各个学科的专家完成他们的解释之后，看来，我所说的可以避免的政治性苦难，是作为我们的缺乏连接性及权力和资源的不平衡的结果而出现的，而这些正是我们文化的一个支配性特征。这绝不是把责任归咎于任何人或任何社会群体。我不相信，世界上有任何地方存在"那些人"。我只是相信，当我们与那些其生活和我们大不相同的人毫无关联时，苦难就会增加。

当我们看到不同经济阶层之间日益加大的差距，保护主义和关门政策的增长，以及更多的资源落入更少人之手时，这不只是涉及大规模的社会活动；它还涉及我们日益增加的对专家的依赖，我们对名流和权力的关注，我们倾向于贴标签和提出新的诊断类别，我们在这方面提供了更多的服务。这一切都是以成本控制和更加专业的名义而被合理化的。我认为这些就是我们生活中的现实政治。选择何在，谁做决定，更大整体的利益在什么时刻发出声音？

* * *

175　当我们集体选择以某种方式走到一起，为新事物的出现而创造空间时，政治性苦难便减少了。对我们来说，需要的是反反复复地作出选择，以便更广泛地分配所有权和责任。这些选择将会出自居民之手，而不是出自专家、领导者和系统管理者之手。当我们重视、投入和承认居民的天赋和能力时，这些选择便会出现。

　　我们有证据表明，这是可能的，而且发挥了作用。如果你怀疑，不妨看看所有关于什么构成了一个高执行力团队的研究；审视一下 20 世纪 80 年代和 90 年代的雇员参与和消费者服务运动，以及它们如何帮助美国公司从毫不相关的边缘退回来。看看今天大教会的去中心化运作，以及武装部队长期以来对授权和触点决策感兴趣的方式。在每一次这样的努力中，现有的领导层采取主动，居民及雇员和成员接受他们在创造一个别样未来中所扮演的角色。

　　因此，不妨考量一下改变我们关于经验政治的思考和实践，如何能够在社区的几个不同维度——它们是很多痛苦的来源——中实现和解。

青少年

　　青少年是社区中的一股统一力量。很难反对下一代。当我们看待青少年（比方说 14 至 24 岁）的视角从问题转变到可能性、从缺点转变到天赋时，一个不一样的未来便敞开了大门。当你驱车经过一个街角，看到他们在一些古怪的时刻闲逛，以古怪的方式谋生时，你可以把他们视为有天赋等待付出，而不是视为等待解决的问题。

如果你注意到他们在交易毒品，你不妨产生这样想：他们有企业家的技能，只是瞄准了错误的方向。如果你操心他们不上学，没错，他们也在学习一些东西，只不过不是我们心里想的那种东西。

最近有人说，对那些辍学的青少年，那些身边没有支持系统的青少年，街角是唯一欢迎他们且可以为他们所用的教室。没有入学要求，一天 24 小时开放。这个想法是真的吗？不完全是，但它是有用的，因为它把我们置于更宽容的立场上。

如果我们关心青少年，而不是试图控制和教导他们，那么我们就必须处理我们的成年人偏见。这意味着我们必须改变我们倾听的性质。打造欢迎青少年的地方，培养欢迎他们的人群，在那里，在那些选择和他们一起工作的人身上，青少年们可以看见自己的影子。

在最近的一次青少年论坛上，10 个不到 20 岁的年轻人被问到：他们是否认识一个人们可以信赖的白人。一个人举了手。他们被问到多少人拥有枪。你知道答案。多少人最近两年有朋友被杀？他们全都举起了手。

这一现实经常导致更多关于多样性计划的交谈，更多限制武器的行动，或者更多的警惕。新的交谈将不会聚焦于他们生活中的苦难，而是聚焦于了解这些青少年是什么样的人，就像霍克斯夫妇和斯帕劳夫妇在芬德利之家所做的那样（第 8 章所描述的）。要把他们看作天赋和能力。这些人（大多数）是有企业家天赋的；他们是同伴当中的领导者；他们有强大的生存本能；他们是有趣的和有价值的人，并渴望人们知道这一点。我们不妨暂时聚焦于这一点并查明有什么东西出现。而且，他们是我们帮助创造的那个世界的反映，所以，一次关于我们对某些青少年的困境所作出贡献的交谈很有意义。这样的交谈不是关于罪责，而是关于我们的责任。

公共安全

转变就是要相信市民有能力创造一个安全的街区。正是街道生活和建立了连接的邻居使街区变得安全。我们以为警察可以维护我们的安全。在我们对安全的关切中，我们经常遵从专业人士的意见，但他们不可能带来安全。

每一个街区中都有居民志愿服务的结构：市民巡逻小组、邻里联防小组（Neighborhood Watch）①、安全会议、警察挂在各家大门上的教育小册子。这些都是在预防犯罪的名头下。事实并非如此。它们是有组织的对外人的侵犯。它们对待那些在街区闲逛的陌生人很不友善。这些结构不是让我们有可能了解这些人是谁，而是体现了惩罚性的思维模式。

转变是要认识到，安全是通过街区的关联性而出现的。在这些方向上所做的努力集中于辨识街区的资产。聚焦于创造机会让居民互相了解，通过清洁运动、街区集会和居民行动运动，来面对那些不负责任的土地所有者以及被废弃的房子和地块。任何帮助邻居了解谁生活在这条

---

① 美国警察和居民共同维护本地治安的一项计划。——编辑注

街上的事情。每个街区都有某个连接人物,他了解其他每个人的一举一动。我住的那条街上有劳拉(Laura),她认识每一个人;她时刻在街上遛狗,关心动物,不管它们的主人是谁,通常为我们所有人提供黏合剂。她是主教街事实上的市长。我们需要途径来认识这些人及其他人。

如果我们看看街区的资产,我们就会认识到,下午在街上溜达的青少年,以及退休之人和闭门不出的人,都有时间关注正在发生的事情。当我们认识到这些人的天赋时,安全就会产生。

> 人行道接触是小小的改变,公共生活的健康可以从这里生长出来。
> 简·雅各布斯(Jane Jacobs)

发展和地方经济

我们城市最大的分歧之一是开发商与社会活动者之间的分歧。社会活动者想要保护居民免遭其正得到开发的街区的侵害。他们想要确保低收入居民不会被赶出家园或被迫改变他们的生活方式。开发商共同体想要更多的住房所有权和充满活力的区域,以吸引年轻的专业人士和文化创意人士,空巢老人,同性恋者,以及热心时尚生活的人。媒体把未来命名为发展,而社会活动者则把它命名为中产化。这让开发商和社会活动者争吵不休。论证需要重新构建。在大多数地方,要么情况依然陷入僵局,要么开发商在地方政府和联邦政府税收优惠的帮助下占据上风。

这是一次两极化的交谈,信任度很低,双方都执着于自己的故事。开发商抱怨社会服务集中于贫困街区。社会活动者知道,如果不发出强有力的声音,穷人就会被送到州际公路下面的仓库里去。

和解将会通过一次新的交谈而出现,在这样的交谈中,开发商谈论

178

他们对边缘之人所抱有的同情。而对于社会活动者来说，新的交谈就是承认，如果没有一定的财富进入他们的街区，街区的人口就会继续减少并不断恶化。进入一个不同未来的途径是构建这些团体之间的关联性。在他们的立场之下，是对城市福祉的共同关切。一个永久性地受伤的城市对谁都没有好处。有很多实例表明这些团体正走到一起。当人们决定要得出某个结果，而不是争强好胜和想要正确时，走到一起是完全可能的。正是交谈的改变和对整体的关切，让事情变得不同。

国家和社区所面对的另一个巨大问题是地方经济的发展。小企业是对社区有利的增长引擎。每个街区都有需要健康发展的微观经济。一个人们生活、工作和购物的地方。大部分看得见的模式都是针对富有的、复苏的新兴街区而设计的。自然出现的可能性是创造对中产阶级重要而友好的街区。这也是那些边缘之人的出路之所在。例如，强大的本地非裔美国人经济对于创造种族正义比少数族裔雇佣条例和多样化工作场所贡献更大。

吉姆·克林曼（Jim Clingman）是辛辛那提一个活跃的市民，多年来对这个问题发声。他称之为"黑色经济学"（Blackonomics）。不妨找来他的书读一读。他认为，民权运动给黑人创造了政治自由，让他们可以按照自己的意愿生活、投票和购物，但这需要以牺牲非裔美国人小企业主的经济福利为代价。这成了新的交谈：如何把资本和所有创造旨在扩大企业家队伍的商业计划和孵化器的教育机会结合起来。对那些边缘之人来说，答案是要在经济上变得自给自足。从事工资最低的服务工作，或者在文化上去适应主流大企业的工作，把太多的人留在维持生活的工资经济之外。

还有一点。我们需要教育人们懂得金钱的政治。当他们在仓储式商店停下来，搜寻价格最低的商品时，他们这样做是以牺牲社区和本地经济的利益为代价。对于他们在仓储式商店里省下的每一块钱，他们都要把一块五毛花在税收、高息信用卡贷款、便利店的高价商品以及"让我熬过今晚"的贷款业务上。支持小企业，从那些能反映出你是谁的人那里买东西，让钱在那些最终会支撑下来的企业之间流通。如果我们没有意识到的政治力量和经济力量，阶层分化只会更加严重。

家庭幸福和公众服务

在公众服务界，我们的目的是要把家庭作为整个系统来对待；我们谈论整合服务，却被细分为太多的学科和资格证明，以至于它多半成了空口白话。即使我们围绕家庭来组织服务，我们也依然是匮乏导向的。

充分探讨这个主题超出了我们在这里的目的，但两个大字标题将会提出要点。构架的改变是：人和家庭是天赋和能力的蓄水池，而不是一系列需求和匮乏。他们的痛苦是他们的孤立和被贴标签的结果。他们在生活中的努力是为了寻找一条途径来利用他们的天赋。在这方面，我们传统上都是通过重视他们的匮乏并为之筹措经费来提供服务，我们思考并强化他们某些麻烦的原因。

我们仍然把寻求帮助的居民称为"个案"，把为他们服务的人称为"个案工作者"。当某个人被贴上"个案"的标签时，这意味着什么？律师、社会工作者和公共服务工作者，通过指名道姓来抹杀自己所服务之人的人性。

公众服务还通过诊断类别与居民相关联。我们只对他们的需求和匮乏感兴趣。我们把人们称为"无家可归者""单亲妈妈""穷人""前罪犯"。如果一个家庭或一个人没有紧迫的需求和匮乏，就没有什么可以归类了，没有什么可以筹集经费了，我们对这个家庭或这个人也就没有兴趣。或许我们应该为人们的天赋制定诊断类别。眼下我只有几个粗略的正面标签：中学毕业，经济状况，家庭规模，工作经验。假设我们按照类别来给人命名，使用诸如下面这些术语：连接器（认识街区的每一个人），街道水平的企业家，时尚板，同情困难人群，当他们进入房间时整个房间都熠熠生辉，创造性的发言，实用性的聪明才智，冒险者，厨子。

改变是要聚焦于天赋和能力。再一次，麦克奈特在这一思考上走在了前面。

实例：辛西娅·史密斯

辛西娅·史密斯（Cynthia Smith）是汉密尔顿县就业和家庭服务局（JFS）的客户服务助理主管。他们部门依然每个月为大约3万市民提供服务。辛西娅决定致力于改变本部门的思路，从人们的需要转变到人们的天赋上。他对所谓的"欣赏式探询"（Appreciative Inquiry）产生了兴趣，这是一种方法，帮助机构在过去和现在的正面事物的基础上构建未来。它被设计得把欣赏用作一种领导和组织发展的形式。据某些人说，这是一条公众服务的根本途径。

辛西娅还有这样一个意识：就业和家庭服务局的雇员自己的生

活中反映出了与他们为之服务的一般人群一样的挣扎和心痛。这意味着，如果我们想要改变我们为之服务的那些人的语境和思路，那么我们就必须从自己开始。公众服务系统的内部文化必须重视自己雇员的天赋和能力，然后这些雇员才能把这个思维模式带到社区。系统内部的人必须抱着互相同情和互相欣赏的心态来工作。如果我们相互之间不热情好客，我们怎么能对社区热情好客呢？

辛西娅采取的另一个重要步骤是邀请全体社区成员参与她所启动的内部交谈。她重视更大的村庄关心 JFS 成功的能力，这个想法本身就是激进的和治愈的。大多数政府机构都认为它们必须向社区为自己辩护并证明自己有道理。辛西娅欢迎社区加入进来，帮助创造一个不一样的、修复程度更高的未来。她相信，养育一个孩子确实需要一个村庄，并且正在为此采取行动。现在，由于此事发生在不久之前，有人或许会问："这管用吗？""它付出的代价是不是有效？""对此我们有什么样的证据？"这些都是错误的问题。毫无疑问，它迟早会创造一个不一样的文化和世界。证据足够多。

健康医疗

健康医疗在中心化控制、私人部门主导和对专家介入的依赖方面的水平很高。我们认为，合并和重构健康医疗是有帮助的。我们转向管理式医疗，并把 60% 的医生纳入保护伞下。我们把它私有化了，有着其所承诺的所有底线效率。我们在研究上投入巨大，把专业人士的英雄主义戏剧化了。

在关于转型如何发生的传统智慧上,健康医疗在每一个方面都有很高的水平:强大的领导力,高尚的设想,清晰的结果,可预期的、受到控制的实践,严格的衡量,有着很高影响力的专业知识,对培训的巨大投入。

那么,它进行得如何呢?

并不怎么样。美国花在健康医疗上的钱比开支第二高的瑞典多出40%。然而美国居民健康医疗的平均质量完全进不了前十位。

荒谬的是,所有在健康医疗领域工作的人都是恪尽职守、心怀善意的人。让人辛酸的是,大多数在这个系统工作的人,那些忠于职守、富有同情心的人,都同意,这个系统并不起作用。有人说它已经坏掉了。

对于每一件需要根本改变的事情,语境都需要改变。当前的语境是谈论更好的管理、成本控制和普遍可用性,我们称之为买得起的医疗。这样的交谈涉及一些小的改进,让原本不起作用的东西更廉价、更可用。这些交谈并不会创造一个不一样的未来。简单地说,我们是在问错误的问题。

例如,关于控制成本的当前交谈并不改变系统的性质。一次开端交谈将会涉及谁对我们的健康负责。

另一个实例:我们只要开始把焦点转到健康对疾病上。慢慢地,这个行业就试探性地严肃对待非化学的、非手术的治疗形式(这个行业称之为非专家干预)。事实上,任何方法,只要不是聚焦于系统保健、专业问诊和化学治疗,都被称作替代医学。仿佛我们绝不会首先求助于它,而只是作为一个可选方案。仿佛关于预防、广泛可用的药品、健康饮食、积极的生活方式以及古代的和传统的治疗方法的交谈根本不是医学，而是隔代的表兄弟。仿佛我们不得不在这两个选项之间做出选择，非此即彼。仿佛你想让你的保险公司付钱使你得到健康，你知道它会点头同意。

有迹象表明健康医疗的语境发生了改变。有越来越多的证据表明，如果人们和自己的社区建立起连接，生活中有人关心他们的福利——换句话说，体验到了一种归属感——他们就会更健康，更长寿。这些都是令人鼓舞的指标，尽管依然处在关于专业服务的成本和谁付钱的主流交谈之外。谁能说这最终会如何展开。

至于另一个大问题，有一些小的、地方性的解决办法出现。不管在什么地方，你都能找到你可能寻求的那个未来的范例。有人——或许并不太远——正在改变世界，尽管你在新闻中不会看到。这里有健康医疗领域语境重大改变的两个实例。有两则个人支持可能性立场的故事。他们把自己的实践组织为未来的范例，为此付出了巨大的个人代价，因为他们抱着这样一个信念：长时间地投身地方性的行动，将会改变世界。他们在一个对任何真正的改变最感无力的行业做这件事。

实例：保罗·厄里格

一个名叫保罗·厄里格（Paul Uhlig）的胸心外科医生为健康医疗打开了新的可能性。在很多方面，他是在为自己这个行业创造一个不一样的未来。他在协作医疗领域和协作查房方面上很有创新精神。在保罗的实践中，协作会诊就是让医生、护士、社工及其他支持人员和患者一起合作，他们与患者及其家人一起站成一个圆圈，一起谈论患者的病情和行动路径。这意味着，决定的做出，并不仅仅依据病情的进展，他们会把整个团队——包括患者及其家人——的观点包含进来。这和把关于医疗的决定完全交到一位专家——医生——或一个专家团队手里的普遍做法形成鲜明对照。其观念是：患者、家人、社工和护士都对医疗有发言权，并在其他所有人的面前表达自己的意见。这个观念是严重的思维倒转。把治疗的根源从医生转变到患者和医疗团队。如果你没有认识到这一做法多么激进，不妨带你去一家医院。

协作医疗已经存在过一段时间，并非保罗及其团队的发明，但他们用自己的支持推动了它向前。他们积累了过硬的证据，证明这种协作医疗的影响，并且在患者安全、住院时间、患者及其家人的满意度和专业满意度的改进上都有相关的数据。有了协作的方法，所有这些措施都有所改进，而且成本增加很少。如果研发出了一种药物，产生的效果哪怕只有这项创新成果预期的一半，它也会在全国的每一个系统中被使用。

面对这一创新，这个行业把保罗当作一个有趣的反常人物来对待。作为一个外科医生，他靠近食物链的顶端。然而，不管去哪里，他都既引起人们的兴趣，也催生抵抗。

问题在于，保罗的创新面对的是极端专家模式的一统天下。它没有给机构带来巨大的利润。

保罗相信，一个医疗共同体是对我们的健康产生重大影响的东西。在他的心脏外科患者当中，95%的患者会回到损害他们心脏的生活方式，在获得价格昂贵的专业支持之后，这种生活方式原本已经消失。5%的患者改变了生活方式，信守他们曾经与其他人一起工作时所作出的这个承诺。

　　保罗所关注的东西显示了交谈中的改变，而这样的交谈可能导致健康医疗产业的真正转变。他所启动的新的交谈是关于**所有者身份**的交谈。我们个人和社区对我们所面临问题的贡献是什么？我作为一个居民，愿意对我自己的健康作出什么样的承诺？在这个世界上创造健康而不是战胜疾病的**可能性**是什么？我愿意对专家和专业人士控制传统的解决办法作出的拒绝是什么？协作会诊是创造新的交谈的一种手段，它把医生、家人、提供支持的专业人士和患者全都置于计划和决策过程的中心。

　　让这些问题成为中心问题，将会改变健康医疗争论的性质。这种交谈将会改变语境，从疾病转到健康，从对技术和药物的浪漫想象转到居民方面的行动，从讨论成本控制和对专业人士的依赖转到让社区参与进来。保罗最后写了一本关于他的工作的书。不妨读读这本书，加入他的网络中。

实例：多萝西·谢弗

　　这里还有一个实例，说明转型如何小规模地、安静地在那些为人类而设计的、基于关联性的房间里发生。多萝西·谢弗（Dotty Shaffer）是辛辛那提的一个内科医生。早在我遇到她之前我就注意到她在做什么事。大多数早晨我送孩子们去学校，驱车经过一个有点偏僻的街区。我在雷丁街和克林顿斯普林斯街的街角上注意到一幢老房子的翻修花了很长时间。他们在那儿干什么？为什么花那么长时间？这个偏僻的街区要花这种投资……然后我就忘了此事。

两年后，我正打算换一个新医生。一位朋友推荐了谢弗博士，我发现她就是翻修我曾注意过的那幢房子的人。当我到那里时，我认识到她煞费苦心想要创造一种健康医疗的可能性。这是对未来的一次尝试，在雷丁街和克林顿斯普林斯街的街角上。

我打电话预约，一个人接了电话。我要求预约，她说很抱歉，我还得等上两个礼拜，因为我是一个新患者。她问我为什么想看医生。她告诉我，如果我成了一个患者，就要交一笔年费。我同意了。这是为了让谢弗博士能够为她的患者减轻负担，以便给出她想要给出的服务。对那些出不起年费的人，她就放弃收费，或者计算出患者能承受的费用。

我按时赴约，走进一间客厅。就像待在一家 W 酒店里，他们把前厅重新设计成一间客厅。我走向桌子，柜台上有些葡萄干。接待员布伦达在我打电话时就知道我，她给了我一些表格让我填，当我填完时，她说医生马上就来。我坐了下来，看到那儿有一些知识性内容的书：诗歌，环境，非传统治疗。我很费劲地搜寻《人民》(*People*) 和《时代》(*Time*) 这两本杂志，它们都是娱乐性的，而且内容免费。墙上有电视在推荐新的治疗方法。

不到 4 分钟，我被径直带到了检查室。护士测了我的一些重要体征，让我脱下鞋子量了体重。体重计上的刻度有点不准确，不过倒也不必吹毛求疵。

医生走了进来，没有穿白大褂。她漫不经心地穿着便服。我们交谈，她做检查，对时间不是很在乎。她对我的饮食习惯、生活方式和生活中的压力很感兴趣（花了点时间）。她了解了维生素补充的情况，并解释为什么有些维生素比另外一些更好。她认为她的工作有一部分内容就是教育我。

她对人比对病更感兴趣。她的大多数注意力聚焦于让我保持健康。锻炼和饮食对她来说是主要焦点。每个人的身体都抵抗某些食物，她建议我们找出适合我的食物。她的办公室提供针灸、推拿及其他治疗艺术，全都在同一幢大楼里。她围绕患者来组织她的服务。我现在有了一个观察整幅图画的医生，一个治疗全身心的地方。

谢弗博士消除了传统医学与另类医学之间的差别。她把患者置于服务的中心。她改变了医疗健康。

如果一个社区里有像保罗·厄里格和多萝西·谢弗这样的人，那么我们就知道，所有社区里都有像他们这样的人。我们所要做的一切就是认可他们，支持他们，宣布他们是主流。

我给出这两个实例，理由有二。首先因为他们体现了这样一个观念：社区转型从很小的范围开始，花很长的时间，并不需要大笔的经费或对效率的关注。这意味着，我们每个人都可以加入进来，推动事情向前走。如果我们寻求大规模改变，我们就会把大量这样的局部努力聚合起来，并从概念上找到一条途径，把它们串在一起，置于一个包罗万象的大伞的涵盖之下，从而创造大的改变。当无数治疗这个星球的小的努力获得命名，并被编织为一场环境运动时，某些更有效力的东西也就被释放出来了。民权运动同样也是如此。几十年的局部斗争，最终被几个坐在午餐吧台旁的人和一个坐在公交车前排的女人给点燃了。

使我们社区转型的努力将在某个时间点上被点燃成一场运动，一个更大的承诺：要创造这个为所有人工作的世界。它很可能在下面这个时候发生：某个事件把我们的努力汇集到一起，（1）构建一种不一样的经济；（2）把信任共同体带出建筑物，带入街区；（3）遏制私有化的浪潮，回归赋予共同利益以优先权；最后，（4）宣布——而且确实打算让——企业有一个远比利润更大的目标。

以协作医疗和私人医学实践的故事结束本书的第二个理由是：它们发挥作用的方式展示了本书所描述的语境改变。在它们的运转中，仿佛场景中的每个参与者都是结果的共同创造者。每个患者及其家人就足够了。他们在力所能及的范围内生产健康，专业服务供应商的存在是为了支持健康，而不是利用疾病牟利。

此外，保罗和多萝西博士构建他们实践的方式，是基于本书后半部分概述的六次对话中所体现的思想。为了发明协作护理，保罗必须选择可能性，而不是解决问题。他必须为提出异议和向各方表达关切创造空间。他必须扩大承诺的范围，将专业人员、病人和家属都包括在内。

类似地，多萝西创造了一个邀请和欢迎的空间。她创造了患者真正处于交谈中心的可能性。关于这一点，一个例证是决定让患者的等待时间和医生的操作效率一样重要。她还要求患者方面做出承诺。患者缴纳年费是这项业务的组成部分，它要求独一无二的承诺水平。它的意思是双方都投资于这项业务的命运以及患者的命运。为了避免这项业务成为精英主义的，有大量的机制让经济资源更少的人能够成为成员。

最后一点：社区和归属是语境以及发起转型性交谈的结合。改变我们关于语境和交谈的思考可以在瞬间发生。在这两种情况下，它都是一个简单的选择。把语境和交谈的改变带入世界中则更为复杂。我希望本书在一个很小的方面对推动你们的努力有所贡献。

结　语
建设社区的社会建筑学

在一个基于个人主义、竞争和自治的主流文化中建设社区和归属，是一项很困难的工作。本节试图让它变得更容易一些。它是本书的一个快速总结和参考指南。欢迎随意复制和使用。首先说说语境和主要观念。然后是对问题的总结。最后快速浏览一下如何设计物理空间。其中每个成分都是至关重要的。

　　核心观念是，如果没有信任、社会资本、归属、关联性——你愿意叫什么都行——的改变，我们解决问题、有效组织工作或终结苦难的能力就会大减。在匮乏的和相关失衡广泛存在的语境中，我们发现和实施新项目、试点和社会创新的努力将收效甚微。这是真的，无论是不是有爱和宽容的本能。

　　当我们决定，让居民们——在此之前还是陌生人——围圈而坐，学习互相信任，并决定如何让一个地方变得更好时，社会资本的转变便发生了。为了在这一努力上支持你，我选取了一串我认为能抓住其本质的语句，希望其中有些句子能启迪你的工作，创造一个你自己选择的世界。

190　**总前提**

通过把我们社区内部的孤立转变为连接性和对整体的关心来构建社会资本。

把我们的交谈从社区的问题转变到社区的可能性。

让从前通常并不在一起的人聚到一起，加入他们从前没有进行过的交谈。

致力于创造一个迥异于过去的未来。一个关心共同利益的未来。

操作指南

社会资本是一次一个房间创造出来的，一个我们此时此刻所在的房间。

它由下面这两个问题构成："我们想让谁在这个房间里？"以及"我们想要发生的新的交谈是什么？"

新的未来的关键是聚焦于天赋，聚焦于社团生活，聚焦于这样一个洞见：转型通过语言而发生。

每一步都要体现"活力的特质"，以及以有机的方式演化而来的策略。

创造另一种未来，本质来自居民与居民之间的互相参与，其每一步都聚焦于整体的福祉。

我们具备一个不一样的未来所要求的全部能力、专业知识和财务资源。

小组是转型的单位和归属体验的容器。

修复型社区的语境

现有的社区语境，是推销恐惧、分派过错并崇拜自私自利的语境。

这个语境支持的信念是：未来将会因新的法律、更多的监督和更强大的领导力而得以改善。

新的语境——修复型社区的语境——是可能性、慷慨和天赋的语境，而不是恐惧、过错和解决更多问题的语境。

社区是由构建关联性的交谈赋予形式的人类系统。

构建关联性的交谈经常通过居民没有报酬、自愿到场的社团生活而发生，而不是发生在专业人士领取报酬、按照合同约定而到场的大系统中。

未来取决于居民所选择的责任，以及围绕他们互相作出的承诺而互相建立连接的意愿。

居民有能力拥有权力和行使权力，而不是把权力推卸或委托给别人。

原因和责任的倒转

当我们把因和果倒转过来时，我们便重申了我们的居民身份。

居民创造领导者，孩子创造父母，观众创造表演。这一倒转可能不完全是事实，但它是有用的。

倒转创造了条件，使我们可以从一个恐惧和过错之地转到一个天赋、慷慨和承诺之地。

我们从下注于法律和监督转到下注于社会资本和选择的责任，从惩罚正义转到修复正义，从以法人和系统为中心转到以社团生活为中心。

我们从聚焦于领导者转到聚焦于居民，从聚焦于问题转到聚焦于可能性。

192　**领导力和转型**

让居民参与进来的领导力是一种存在于所有人身上的能力。它无穷无尽，普遍可用。

当领导者聚焦于我们如何聚集的结构以及我们的聚会发生的语境时，转型便发生了。

领导就是召集，有三项任务：

改变人们聚集的语境。

通过强有力的问题命名讨论。

聆听，而不是鼓吹、辩护或提供答案。

小组的力量

每次聚会都必须成为我们想要创造的那个未来的一个范例。

小组是转型的单位。

当足够多的小组协调一致地朝着更大改变的方向转变时，大规模的转型便发生了。

当小组是作为一次更大规模聚会的组成部分而聚集时，小组的力量最大。

当我们给思考的多样性和异议留出空间，作出没有交易的承诺，每个人和我们社区的天赋都得到承认和重视时，小组便产生了力量。

疑问比答案更有转型的力量

技巧在于提出正确的疑问。

传统的交谈寻求解释、研究、分析、定义工具和表达改变别人的愿望，这些都很有趣，但没有力量。

疑问打开通向未来之门，比答案更有力，因为它们要求参与。参与正确的问题正是创造责任感的关键。

如何构建疑问是具有决定性的。它们必须是有歧义的、个人性的和有压力的。

193

通过定义疑问所涉及的区别来引入疑问，亦即，关于这次交谈，不同的和独一无二的东西是什么。

我们必须让人们免受建议和帮助的影响。用好奇来取代建议。

邀请

邀请那些通常并不在一起的人。

有力邀请的要素：

  命名我们为之而召集的可能性。

  明确说明对于每一个选择出席的居民有什么要求。

  使邀请尽可能个人化。

  清楚地表明拒绝不会让人付出代价。

疑问

五种构建归属的交谈是可能性、所有者身份、异议、承诺和天赋。

由于所有交谈都互相成就彼此，顺序并不是关键性的。

按照难度递降的顺序创造交谈，可能性通常是早期交谈，而天赋通常是更困难的交谈。

疑问有三个要素：

使疑问得以凸显的区别。

告诫不要受建议和帮助的影响，支持好奇心。

疑问本身要陈述准确。

可能性交谈

区别在于可能性与问题解决之间。可能性是一个遥不可及的未来。

可能性交谈对我们发挥作用，从关于个人抉择的讨论中演化而来。它采取了宣言的形式，最好是当众宣布。

疑问

你在这个时间点上所面临的抉择关头是什么？

你可以做出什么样的可能性宣告，有力量改变社区并激励你自己？

所有者身份交谈

它要求居民行动时，仿佛他们正在创造这个世界上已经存在的东西。

区别在于所有者身份与责怪之间。所有者身份就是决定承认我们自己的罪错。

疑问

对于一个事件或项目：

你计划这是一个有多少价值的体验（或项目或社区）？

你愿意承担多大的风险？

你计划在多大程度上参与？

你在何种程度上投入整体的福祉？

多用途的所有者身份疑问：

对于我所抱怨的或者我想改变的那件事情，我作出了什么样的贡献？

可以完善我们的故事并消除其限制性因素的问题：

关于这个社区或组织，你本人经常听到的故事是什么？你与之相结合甚或从中取得你的身份的故事是什么？

你从坚持这个故事中所得到的报偿是什么？

执着于这个故事让你付出的代价是什么？

异议交谈

异议交谈为承诺创造一个开端。

有人表达异议时，只是听。不要解决它，不要辩护，也不要做任何解释。

首要区别在于异议与空口白话之间。

次要区别在于异议与否认、反叛或听天由命之间。

疑问

你有什么怀疑和保留？

你不断推迟的否定或拒绝是什么？

是什么让你对那个你并不真的赞同的东西说"是"？

你已经改变主意的承诺或决定是什么？

你拒绝给出的原谅是什么？

你抱有什么样的怨恨而没有一个人知道它？

承诺交谈

承诺交谈是一个不预期回报的允诺。

承诺不同于交易。

承诺之敌是空口白话，而不是异议或反对。

最有价值的承诺是对与自己同等之人、对其他居民作出的承诺。

我们必须明确支持居民宣布他们这一次不愿意作出任何承诺。

拒绝承诺不会让我们付出丧失成员身份或桌旁席位的代价。只有当我们不信守诺言时才会失去席位。

承诺包含两种性质的允诺：

* 关于我对其他人的行为和行动的允诺
* 关于这个世界所发生的结果和后果的允诺

逃避或不做承诺，不会付出代价或丧失成员身份。

疑问

我愿意作出什么样的允诺？

什么样的衡量对我是有意义的？

我愿意付出什么样的代价？

因为我信守承诺或不履行承诺，别人付出的代价是什么？

我推延的允诺是什么？

我不愿作出的允诺或承诺是什么？

天赋交谈

领导者和居民的任务是要把那些边缘之人的天赋带入中心。

区别在于天赋与缺陷或需求之间。

定义我们的不是缺陷或缺失什么。定义我们的是我们的天赋和呈现出来的东西。

当我们有勇气承认我们自己的天赋并选择把它们带入这个世界时，我们便选择了我们的天命。这种交谈使我们从被动地接受宿命（fate），转变为掌控自己的命运（destiney）。

一个天赋只有当它拿出来之后才是天赋。

疑问

你当前未被利用的天赋是什么？

你，身上不为人所知的东西是什么？

你心存感激却没有说出来的是什么？

你接受过的至今让你惊奇的积极反馈是什么？

你所拥有的但你并没有被充分认识到的天赋是什么？

你从这个房间里的另一个人那里接受了什么样的天赋？

今天你的小组中有人做了什么触动、打动了你或对你有价值？

或者

以什么方式，一个特定的人以一种有意义的方式和你建立密切的联系？

在这次聚会中，这个房间里的其他人有什么东西触动你？

六种交谈的核心

从所有这些疑问中产生出来的交谈，其核心是要创造一种与其他人在一起的归属感，还有一种关心自己、关心共同福祉的责任感。下面是与每一种交谈相关联的核心疑问的总结：

你来这儿所作出的选择是什么？（邀请）

在这次聚会或这个项目中，你计划冒多大风险，在多大程度上参与？（所有者身份）

你/我们为了这次聚会的目的，所处的抉择关头是什么？（可能性）

对于未来的可能性，你准备作出什么样的宣告？（可能性）

你在何种程度上把自己视为你试图解决的那个问题的原因？（所有者身份）

关于这个社区或这个问题，你所坚持的故事是什么？（所有者身份）

你的怀疑和保留是什么？（异议）

你并不打算说"是"的是什么？（异议）

你会对与自己同等之人作出什么样的允诺？（承诺）

你从别人那里接受的天赋是什么？（天赋）

关于这些用于可能性、所有者身份、异议、承诺和天赋交谈的疑问，重要的是它们命名了为别样未来创造空间的议事日程。力量在于提问，而不在于回答。

支持归属的空间

物理空间在创造社区上比我们所认为的更具决定性。

大多数集会空间都是为了控制、谈判和说服而设计的。

对于如何重新安排和占据交给我们的无论什么房间，我们始终是有选择的。

当我们围圈而坐，当窗户和墙壁有生命的迹象，当每个人的声音能够同等地被听取和放大，当我们全都在同一个平面——而且椅子有轮子和旋轴，社区便构建起来了。

当我们有机会设计新的空间时，我们需要的如下：

  招待区，告诉我们来对了地方，并且是受欢迎的

  过道，宽敞到足以亲切就座并随意接触

  就餐空间，让我们精神焕发，并鼓励关联性

  心里装着自然、艺术、欢快和居民之间交互而设计的房间

  大的社区空间，具有社区亲密感

设计过程本身必须是我们打算创造的那个未来的一个范例。

真正的居民和雇员参与，同良好的设计专业知识一样重要。

典范和资源

我们大家都需要社区在哪里被创造的实例。本书的初版列出了我所熟悉的很多人和机构。这一版没有包含这份清单，我选择把它放在富足社区（Abundant Community）的网页上（abundantcommunity.com）。在那里你可以找到那些开始把归属构建进他们的社区的人。这只是一份很小的个人清单，而实际上有成千上万的人在建设社区，不只是因为那是他们的工作，而且还因为他们是什么样的人。请去看看这许许多多的实例，并继续构建你自己的正在改变世界的当地居民网络。

延伸阅读和参考文献

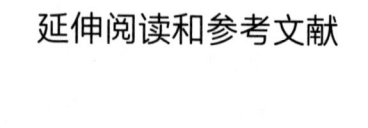

这里是一份很短的清单，列出了创造本书中的那些观念的人和著述。我直接引用过的作者也列在这里。

Alexander, Christopher

The Nature of Order: An Essay on the Art of Building and the Nature of the Universe, Book 1: The Phenomenon of Life. Berkeley, CA: Center for Environmental Structure, 2002. （第1章引用的段落来自第20页和第122页。）

The Nature of Order: An Essay on the Art of Building and the Nature of the Universe, Book 2: The Process of Creating Life. Berkeley, CA: Center for Environmental Structure, 2006.

The Nature of Order: An Essay on the Art of Building and the Nature of the Universe, Book 3: A Vision of a Living World. Berkeley, CA: Center for Environmental Structure, 2004.

The Nature of Order: An Essay on the Art of Building and the Nature of the Universe, Book 4: The Luminous Ground. Berkeley, CA: Center for Environmental Structure, 2003.

The Timeless Way of Building. New York: Oxford University Press, 1979.

Axelrod, Dick and Emily

The Conference Model. San Francisco: Berrett-Koehler, 2000.

Terms of Engagement: Changing the Way We Change Organizations. 2nd ed. San Francisco: Berrett-Koehler, 2010.

You Don't Have to Do It Alone: How to Involve Others to Get Things Done. San Francisco: Berrett-Koehler, 2004.

Bornstein, David

How to Change the World: Social Entrepreneurs and the Power of New Ideas. Updated ed. New York: Oxford University Press, 2007.

The Price of a Dream: The Story of the Grameen Bank. Paper reissue. New York: Oxford University Press, 2005.

Brown, Juanita, and David Isaacs

The World Café: Shaping Our Futures Through Conversations That Matter, with the World Café Community. San Francisco: Berrett-Koehler, 2005.

Bunker, Barbara, and Billie T. Alban

The Handbook of Large Group Methods: Creating Systemic Change in Organizations and Communities. San Francisco: Jossey-Bass, 2006.

Large Group Interventions: Engaging the Whole System for Rapid Change. San Francisco: Jossey-Bass, 1997.

Clingman, James

Black Dollars Matter: Teach Your Dollars How to Make Sense. Los Angeles: Professional Publishing House, 2015.

Blackonomic$: The Way to Psychological and Economic Freedom for African Americans. Los Angeles: Milligan Books, 2001.

Dannemiller, Kathie

Whole-Scale Change: Unleashing the Magic in Organizations. San Francisco: Berrett-Koehler, 2000.

Erhard, Werner

Erhard, Werner, Michael C. Jensen, and Steve Zaffron. "Integrity: Where Leadership Begins—A New Model of Integrity (PDF File of PowerPoint Slides)" (June 18, 2007). Barbados Group Working Paper No. 07 - 03. Available at SSRN: http: //ssrn. com/abstract = 983401.

Erhard, Werner, Michael C. Jensen, and Steve Zaffron. "A New Model of Integrity: An Actionable Pathway to Trust, Productivity and Value (PDF File of Keynote Slides)" (September 20, 2008). Barbados Group Working Paper No. 07 - 01. Available at SSRN:

http：//ssrn.com/abstract = 932255.

Gallwey, Tim

The Inner Game of Work: Focus, Learning, Pleasure, and Mobility in the Workplace. Reprint ed. New York：Random House, 2001.

Heschel, Abraham Joshua

引自用 *I Asked for Wonder: A Spiritual Anthology*, edited by Samuel H. Dresner (New York：Crossroad Publishing, 1983)。(引用的段落见第一部分引言。)

Jacobs, Jane

Dark Age Ahead. New York：Random House, 2004.

The Death and Life of Great American Cities. 50th anniv. ed. New York：Vintage, 2011. 首次出版于 1961 年。

Kahane, Adam

Collaborating with the Enemy: How to Work with People You Don't Agree with or Like or Trust. San Francisco：Berrett-Koehler, 2017.

Solving Tough Problems: An Open Way of Talking, Listening, and Creating New Realities. San Francisco：Berrett-Koehler, 2004.

Kaufman, Harriet

Judaism and Social Justice, by Harriet Kaufman. 与作者的个人交流, 1986。(第 12 章引用的段落来自巴比伦《塔木德》, 77b 安息日。)

Koestenbaum, Peter

Freedom and Accountability at Work: Applying Philosophic Insight to the Real World. San Francisco：Jossey-Bass, 2001.

The Heart of Business: Ethics, Power, and Philosophy. Dallas, TX：Saybrook, 1987.

Leadership: The Inner Side of Greatness. 2nd ed. San Francisco：Jossey-Bass, 2002.

The Philosophic Consultant: Revolutionizing Organizations with Ideas. San Francisco：Jossey-Bass, 2003.

Korten, David

Change the Story, Change the Future: A Living Economy for a Living Earth. San Francisco: Berrett-Koehler, 2015.
The Great Turning: From Empire to Earth Community. San Francisco: Berrett-Koehler, 2006.
When Corporations Rule the World. 2nd ed. San Francisco: Berrett-Koehler, 2001.

Lopez, Barry

Home Ground: Language for an American Landscape, edited by Barry Lopez and Debra Gwartney, with an introduction by Barry Lopez. San Antonio, TX: Trinity University Press, 2006.

McKnight, John

The Abundant Community: Awakening the Power of Families and Neighborhoods, with Peter Block. San Francisco: Berrett-Koehler, 2010.
An Other Kingdom: Departing the Consumer Culture, with Walter Brueggemann and Peter Block. Hoboken, NJ: Wiley, 2016.
Building Communities from the Inside Out, with John Kretzmann. Center for Urban Affairs, Evanston, IL. Chicago: ACTA Publications, 1994.
The Careless Society: Community and Its Counterfeits. New York: Basic Books, 1995.
Discovering Community Power: A Guide to Mobilizing Local Assets and Your Organization's Capacity, with John Kretzmann. Chicago: ACTA Publications, 2005.
Mapping Community Capacity, with John Kretzmann. Evanston, IL: Center for Urban Affairs and Policy Research, Northwestern University, 1990.

Neal, Craig and Patricia

The Art of Convening: Authentic Engagement in Meetings, Gatherings, and Conversations, with Cynthia Ward. San Francisco: Berrett-Koehler, 2011.

Owen, Harrison

Open Space Technology: A User's Guide. 3rd ed. San Francisco: Berrett-Koehler, 2008.
The Power of Spirit: How Organizations Transform. San Francisco: Berrett-Koehler, 2000.
The Practice of Peace. 2nd ed. Circle Pines, MN: Human Systems Dynamics Institute, 2004.

Putnam, Robert D.

Better Together: Restoring the American Community, with Lewis M. Feldstein. New York: Simon & Schuster, 2003. (第 1 章中引用的段落来自第 2—3 页。)

Bowling Alone: The Collapse and Revival of American Community. New York: Simon & Schuster, 2000.

Rogers, Carl

On Becoming a Person: A Therapist's View of Psychotherapy. 2nd ed. Boston: Mariner Books/Houghton Mifflin Harcourt, 1995. 首次出版于 1961 年。

Snow, Judith

What's Really Worth Doing and How to Do It: A Book for People Who Love Someone Labeled Disabled. Toronto, ON: Inclusion Press International, n. d.

The Structurist

University of Saskatchewan. ("第二版序言"中引用的段落来自 2005/2006 年 45/46 号，第 2 页。)

Uhlig, Paul

Field Guide to Collaborative Care: Implementing the Future of Health Care, with W. Ellem Raboin. Overland Park, KS: Oak Prairie Health Press, 2015.

"Improving Patient Care in Hospitals," *Journal of Innovative Management*, Goal/QPC, Fall 2001.

"System Innovation: Concord Hospital," with others, *Journal on Quality Improvement*, November 2002.

Weisbord, Marvin

Discovering Common Ground, with 35 International Authors. San Francisco: Berrett-Koehler, 1992.

Don't Just Do Something, Stand There!, with Sandra Janoff. San Francisco: Berrett-Koehler, 2007.

Future Search: An Action Guide to Finding Common Ground in Organizations and Communities, with Sandra Janoff. 3rd ed. San Francisco: Berrett-Koehler, 2010.

Lead More, Control Less: 8 Advanced Leadership Skills That Overturn Convention. Oakland, CA: Berrett-Koehler, 2015.

Productive Workplaces: Organizing and Managing for Dignity, Meaning, and Community. San Francisco: Jossey-Bass, 1987.

Productive Workplaces Revisited: Dignity, Meaning, and Community in the 21st Century. San Francisco: Jossey-Bass/Wiley, 2004.

Zakaria, Fareed

The Future of Freedom: Illiberal Democracy at Home and Abroad. New York: Norton, 2003.

致　谢

鲍勃·哈夫利克（Bob Havlick）当时是一个思维前瞻的城市管理者社团"创新小组"的头儿，他让我参与了社区事务。他不断邀请我出席他们的年会，我与这些公职人员的接触改变了我的工作方向。我会一直感谢鲍勃的信任和支持。我与其中一些城市管理者——吉姆·基恩、吉姆·雷（Jim Ley）、罗伊·帕切特和埃德·埃弗里特（Ed Everett）——的共事让我下定了决心，感谢他们所有人。

我对彼得·科斯滕鲍姆、约翰·麦克奈特和维尔纳·艾哈德的感激是无穷无尽的。我不停地寻找我所说所写中没有被与他们的友谊所影响的句子，但我能找到的很少。我不知道是不是有一个真正属于我自己的思想，所以我很高兴被降低为他们的思想的翻译者和二手来源的角色。

另外两个给予这些观念以支持的人是汤姆·迪贝罗和吉姆·塔克（Jim Tucker）。他们邀请我进入那些充满挑战性并提振信心的场所，所以我要感谢他俩。

伯纳德·布姆斯（Bernard Booms）认为他是我的工作的受益者，但实际情况恰好相反。伯纳德每次打电话都教会我慷慨宽容。加上他是一个经济学家和营销学教授，保持并超越了他所受到的训练，把人性和关怀带到他的工作中。这特别且罕见。过去了，但没有被忘记。

有几个朋友是始终如一的，而且一直兴致勃勃。迈克尔·约翰斯顿（Michael Johnston）是忠诚生活的专家，不工作的时候活泼爱玩，是这个星球上最好的教练。这句话一直印在他的脑海里。

我写的所有书都是由莱斯利·斯蒂芬（Leslie Stephen）编辑的。对读者来说，她是一个出色的鼓吹者，她在结构方面很有天赋，对观念及观念如何改变世界有着浓厚的兴趣。尤其是，她很注意让我的声音保持完整无缺，即便不符合语法规则。如果莱斯利不参与其中，我会停止写作。要特别感谢她对本书第二版的关注。

史蒂夫·皮尔桑蒂是出版者的一个梦想。他创立了一家独立出版公司，靠他出版的作品中所包含的观念为生。史蒂夫是一个有着持久信念的人，有着编辑天赋，这是我留心关注的，即使当我没有听取的时候。

本书的初版被它的评论者赋予生命。我要感谢弗兰克·巴斯勒（Frank Basler）、杰夫·库利克（Jeff Kulick）、安·马特兰加（Ann Matranga）、埃莲娜·奥巴迪亚（Elianne Obadia）和约瑟夫·A. 韦伯（Joseph A. Webb），他们每个人都投入精力，去了解和关心本书的品质，远远超出这项任务带来的任何报偿。我还要感谢爱丽莎·拉贝利诺（Elissa Rabellino），她承担了第一版的文字编辑工作。她对手稿给予了极大的关注，对读者来说是一个很好的鼓吹者。爱丽莎确实做得很棒。还要感谢米切尔·琼斯（Michele Jones）在本书文字编辑工作上的敏锐眼光。

还要感谢克利夫·鲍尔斯特尔（Cliff Bolster）和比尔·布鲁

尔（Bill Brewer），他们阅读了早期的手稿，并慷慨提供了他们的思想。艾伦·科恩和安·奥弗顿（Ann Overton）对本书中观念的提出起到了至关重要的作用。他们的友谊是持久的，他们的思考和存在方式与我的方式是如此贴近，以至于当我身处困境的时候，我常常想，他们会比我做得更好。

我把本书的两个版本都题献给玛吉·罗杰斯（Maggie Rogers），但我也充分认识到，她对这两个版本的创作以及我所做的其他一切事情的付出，需要一本单独的书来讲。在这里，这样说就足够了：再次谢谢你。许多年后，在这个版本出版时，那个时候我要说的甚至更多。我们为这次重写一起工作了二十年，这证明了她无限包容的能力。

我还想表达对我家人的感谢。感谢我的兄弟吉姆，他是个好人，慷慨地为我们所有人贡献了他作为一个摄影师的天才；他值得特别的感谢，因为他一直忍受我这个拍摄对象。他给我的照片提供了润色，下一次我会把他弄到照片上。我的两个女儿詹妮弗（Jennifer）和希瑟（Heather），通过她们的爱，我过上了一种体面生活。我的孙子莱兰（Leyland）、格雷西（Gracie）和奥吉（Auggie），他们都很漂亮，让作为祖父的我感到无比骄傲。他们使我长寿。最后，我要表达我对凯茜（Cathy）、大卫（David）和艾伦（Ellen）的爱。他们每天都让我保持警觉，投身于未来。在他们那里，我懂得了放弃和接受的价值，知道了潜藏在我们所有人内心中的柔软与温和的部分。反过来，他们容忍我，所以，谁还能有更多的要求呢？

关于作者

彼得·布洛克（Peter Block）是俄亥俄州辛辛那提市的一位作家和市民。他的作品涉及社区的赋权、管理职责、主动选择的责任与和解。他作为辛辛那提市民，做了很多工作，他就职于一个街区委员会，帮助开创了"怜悯倡议（Compassion Initiative）的经济学"，涉及免除穷人的债务，把土地归还给真正的所有者。

彼得是几本畅销书的作者。其中最为知名的是《完美咨询：获取专业技能的指南》[①]（*Flawless Consulting: A Guide to Getting Your Expertise*）第三版（Pfeiffer，2011）、《管理宝典：服务至上》（*Stewardship: Choosing Service Over Self-Interest*）第二版（Berrett-Koehler，2013）和《被赋权的管理者：积极政治的工作技能》[②]（*The Empowered Manager: Positive Political Skills at Work*）第二版（Wiley，2016）。

他还在安德烈·马可维兹（Andrea Markowitz）的协助下撰写了《完

[①] 中文版名为《完美咨询：咨询顾问的圣经》，机械工业出版社2013年出版。
[②] 中文版名为《赋能授权型经理：激活员工点燃创业精神》，人民邮电出版社2020年出版。

美咨询实用手册：理解你的专业技能指南》(*The Flawless Consulting Fieldbook and Companion: A Guide to Understanding Your Expertise*, Pfeiffer, 2000)，以及《对 Yes 是什么的回答：根据要紧之事采取行动》(*The Answer to How Is Yes: Acting on What Matters*, Berrett-Koehler, 2002)，此书获得了 2002 年独立出版商图书奖"年度重大突破商业图书奖"。《工作中的自由与责任：把哲学洞见应用于现实世界》(*Freedom and Accountability at Work: Applying Philosophic Insight to the Real World*, Jossey-Bass/Pfeiffer, 2001) 是和咨询顾问兼哲学家彼得·科斯滕鲍姆合作撰写的。

彼得与约翰·麦克奈特合作撰写了《富足社区：唤醒家庭和邻里的力量》(*The Abundant Community: Awakening the Power of Families and Neighborhoods*, Berrett-Koehler, 2010)。它证明了约翰在社区世界的影响力和同情心。约翰是一个演说家，而非作家，所以这本书中的所有观点其实都来自约翰。就该书而言，彼得只是在标题页上挂名的代笔者。

2011 年，彼得和约翰被国际知名学者沃尔特·布鲁格曼（Walter Brueggemann）"发现"。一本题为《另一个王国：告别消费文化》(*An Other Kingdom: Departing the Consumer Culture*, Wiley, 2016) 的书便出自他们之间的友谊和几个白人老男人的交谈。

与本书最密切相关的是，彼得创立了"一个小组"（A Small Group），它的目的是使用出自本书的六种交谈来改变城市的主流叙事，这里涉及的是辛辛那提。伊莱恩（Elaine）和埃里克·汉森（Eric Hansen）维持这个小组的运转，超过十年。它在辛辛那提市提供月度集会和每年三次的全天强化活动。它还提供线上会议，所有这些都使本书中的交谈更具深度。如果可以的话，你也来吧。